学校では教えてくれない起業術

西川友成
育芯舎 代表

Entrepreneurship they won't teach you at school.

みらいパブリッシング

1	2	3	4	5	6
7	8	9	10	11	12
13	14	15	16	17	18
19	20	21	22	23	24
25	26	27	28	29	30

1st Day（初日の授業）

多数派意見が正しい世の中って、おかしくない？

1st Day

多数派意見が正しい世の中って、おかしくない？

初めまして、育芯舎《いくしんしゃ》の西川友成《にしかわともなり》と申します。

本書で話していく内容は、通常の学校教育で学べる内容とは異なります。結論から言えば「社会人になっても通じる基礎固めの情報」となっています。

中でも**ビジネスに関係するマーケティングを中心に、社会に出てから働くときに必要な知識や、将来自分がやりたいことで生計を立てていくために必要な知識、人との上手なつき合い方や信頼構築の方法を学んでもらいます。**

そう聞くと、「今の勉強はどうなるの？」と思う方もいるかもしれません。

本書を読み進めるとわかりますが、今の勉強をがんばることの大切さも実感できるようになります。

本書の全体像を見れば、通常の「教育」とはかけ離れた、より実践的なものだということをご理解いただけるでしょう。

いつの時代でも人生の成功者はごく少数です。

例えば、1つの目安として年収1000万円以上を稼いでいる人は、日本の労働者全体のたった4％ほどのごく少数の人たちです。

もちろん成功の定義は人それぞれで、家族との時間、心の安定、自由な時間の確保など様々だと思います。しかし、それらを維持するために共通して必要になってくるのが収入です。

年収1000万円以上になることが、自分の中にある「成功」を達成するために大きな役割を担っているのです。


実際に、人生の成功者は、その他大勢とは真逆の方向に進む傾向があります。なのに、なぜ私たちは多数派意見を採用するのでしょうか？

それは国の方針だからです。

国は将来のあるべき姿を決めたら、それに突き進むために、できるだけやりやすいように国民全体の意思を統一しようとします。そこで必要なのは、多数派の意見が正しいということを刷り込むことです。

これは「大衆心理」という心理学を用いたものですが、政府は国民を統一しやすくなるのです。

大衆心理の刷り込みは、幼児教育から始まっています。

暗記を中心とした学校教育に、その要素が隠されています。

知識を正しく脳にインプット（入力）して、それを正しくアウトプット（出力）する今の教育方針は、命令されたことを正しく認識させて、それを正しく実行させるために最適な教育なのです。

日本の教育は遅れている、と言われています。

35年とか１５０年などと言われていますが、何年かはどうでもよくて、遅れているという事実が大事なのです。

そもそも考えてもらいたいのが、今の親世代は学歴社会を絶対視していますが、このインプット教育は戦前からわずか70年ほどの教育方針に過ぎません。

日本の歴史は２０００年以上ありますが、その中のわずか70年のやり方を絶対視するほうがおかしいと思いませんか?

にもかかわらず、現代の日本では、ほとんどの人はそれが正しいと思っています。正確に言えば、それが正しいと〝思わされている〟のです。

これは「多数派意見が正しい」という戦前からの教育方針の効果なのです。

まるで自分の意思でそう思っているかのように〝させられている〟のです。

いつの時代でも成功者は少数派です。つまり、みんなと同じことをし続ける限り、本当の幸せを手にしたり、安定を手に入れることはできないのです。

それを裏づけるかのように、流石に日本政府もこのままではマズいと思い出したのか、色々と教育制度改革を推し進め始めました。

有名なところで言えば、２０２０年問題です。簡単に説明すれば、大学入試制度において今までのインプット・アウトプット方式の入試だけではなくて、ちゃんと自分で考えて答えられる「思考力」を養って行く入試制度です。

ただ、これもいきなりうまくいくわけがありません。なぜそう言い切れるのか？　その理由は3つあります。

1つ目は、これまでもあれこれと試してきていますが、ほとんど成果につながっていません。

2つ目は、古い教育にどっぷりと浸かった人たちが考案する教育制度改革なので、その古い固定概念の枠組みから脱出できていない点です。事実、ライフネット生命の会長である出口治明さんも「日本は先進国35ヶ国の中でも、思考力水準が低い」と提唱しています。

思考力を高める教育よりも言われたことを正確にできる人間を育てる教育をしてきたので当然かもしれませんが、それが仇となっているのです。

3つ目は、うまく行っていないのに試行錯誤を繰り返しながら独自システムを構築しようとしている点です。

うまく行っていないときからオリジナルのやり方をしてうまくいくほど、世の中は甘くありません。うまくいかない人が、最初から何も学ばずにあれこれやってもいい結果は出ないのです。もちろん、もっと試行錯誤を繰り返せば成果は上がってくるかもしれませんが、それをすると人生で最も大事な「時間」を大量に犠牲にすることになります。

大昔の先人たちはとても素晴らしい言葉を残してくれています。それは「守《しゅ》破離《はり》」という言葉です。

まずはうまくいっている人から指導をしてもらって、そのまま同じようにルールを守って練習をする。

うまくいく型をしっかりとマスターして結果が出るようになったら、少しずつオリジナルを入れながら型を破って行く。
そして、それができてきたら師匠の元を離れて、今度は自分がその型を広めて行く。

守り、破り、離れる。それが守破離の教えなのです。

つまり、大昔から「まずは成功者の真似をせよ」と言われているのです。

現在成功している人でも、必ずモノマネから入っています。

一流のスポーツ選手にも必ずコーチがついています。これは勉強でもスポーツでもビジネスでも同じです。指導者から成功の法則やその型を学び、そのまま真似をして実行するから成功するのです。何も難しいことはありません。

しかし、そのことを知らない人たちは、いきなり自分のオリジナルから入りますが、それがうまくいくかどうかもわからない状態で突き進むので基本的にうまく行きません。

もちろん稀に結果が出るときもあるでしょうが、そんな博打を人生でやりたいと思う人なんてほとんどいないはず。できればリスクを最小限にして成功したいと思うはずです。

だから成功者の型を学ぶ必要があるのですが、今の教育改革制度はそのような指導を仰ぐことなくオリジナルで行き当たりばったりでやっているので、成功からはほど遠いのです。

これら3つの理由により、本当の意味での日本の教育改革はまだまだ先ということになります。自分で考える力を身につけて、その他大勢の中に埋もれることなく自分の人生を切り開いていくことを、日本の教育で求めるのはまだ先なのです。

ただ、時間は常に流れ、時代の変化はより激しさを増しています。

30年ほど前には携帯電話などはなく、一家に一台のテレビがあるくらいでした。もちろんインターネットもありませんでした。

それが今は、一人一台の携帯を所有し、インターネットは24時間つなぎ放題です。昔であれば何かを調べるときには、新聞を読んだり辞書を調べたり、図書館に通って時間を使って調べていました。それが今ではインターネットの検索窓に調べたいキーワードを打ち込むだけで、たった数秒で調べられます。

時代は加速度的に変化をしています。「収穫加速」という法則があります。

アメリカの発明家レイ・カーツワイル氏が提唱した法則ですが、物事は加速度的に変化し、成長していくということ。これから先の時代では、さらに私たちの想像を絶する変化が予想されるのです。

その先駆けとなるのが、ＡＩ時代の到来です。

これについては本章でさらに詳しくお話をするのでここでは割愛しますが、**このような時代を生き抜いて成功を手に入れるためには、今の学校教育とは違った角度からの教育や情報が必要です。**

その指導書が本書です。本書を読むことで、これから迎える激動の世界を生き抜く基盤づくりができます。

一般的な概念と違うこともお話をするので、いわゆる少数派の考えなどが登場します。その他大勢とは意見も違えば、概念もまったく違うので、これをマスターすることで考え方も変わってきます。

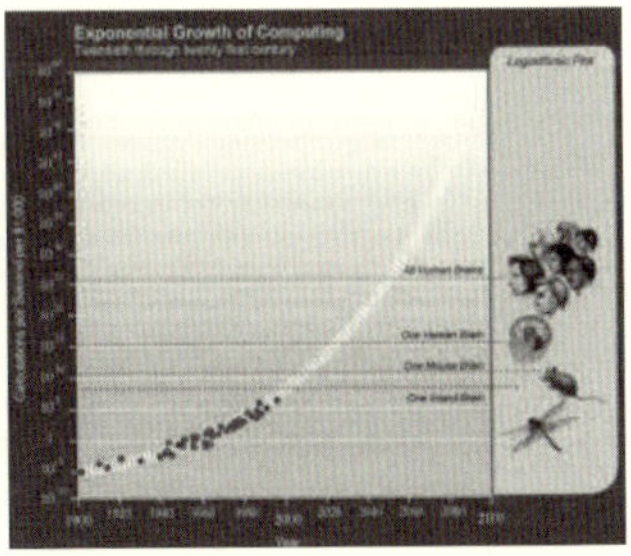

そうなることで、上位4％の領域に行く切符を手に入れて、成功への第一歩を踏み出すことができます。

もちろん、デメリットもあります。それは大衆と違う考え方や行動をするので、孤立することもあります。しかし、かの有名なアール・ナイチンゲールも提唱している通り、「大衆は常に間違っている」のです。

もしもあなたが本当の幸せや成功を掴みたいと思うのなら、勇気と期待を持って本書を読み進めて行ってください。この本を読み終わったときには、4％の成功者しか知らない成功の法則やうまく行く型、考え方がわかるようになります。そして今、苦しんでいる勉強や目の前の課題ですら、苦しくなくなっているはずです。それでは早速、始めましょう！

多数派意見が正しい世の中って、
おかしくない？

2nd Week

学校では教えてくれない現実とは？

——学校教育は時代に取り残されている！——

3rd Week

今日から始める正しいビジネスの組み立て方
——夢や目標を軌道に乗せるマーケティング——

4th Week

売上を順調に伸ばすために知っておくべき原理原則
――お金を稼いで生きる自由体験――

Last Week

次世代リーダーを育てる7つのステップ

――起業家マインドとリーダーシップ――

Last Day

1	**2**	**3**	**4**	**5**	**6**
7	8	9	10	11	12
13	14	15	16	17	18
19	20	21	22	23	24
25	26	27	28	29	30

1st Week（2日目〜6日目の授業）

私たちが目指すべき働き方。生き方の理想の未来とは？
——君はどう生きるか？——

Days 2

学歴の勝ち組ではなく、人生の勝ち組になる！

ではこれから、講座を始めていきます。

まずは、この講座の全体の流れについてお話をします。

本書の講座では、最初の11日間で「パフォーマンス強化の講座」をします。

この授業では「学校では教えてくれないけど、大人になってから必要となる知識や心の持ち方」について話をし、たとえ学歴で負け組の気分を味わっていても、人生の勝ち組に入ることができる知識と考え方について話をしていきます。

そうすることで、将来に向けてあなたが今どういったことをしながら準備を進めればいいのかがわかるようになります。

本書を手に取ったのだから、起業する方法を知りたいと思うかもしれませんが、何事も準備が大事なので、そこはわかってください。

その後の13日目から22日目までは、ビジネスの話に入っていきます。

・具体的に自分でビジネスを始めるときに、どういったことを知っておかないといけないのか？
・そもそもどうやってビジネスを始めるのか？
・商品の作り方は？　集客の仕方は？

などなど盛りだくさんではありますが、ここの内容をしっかりと抑えてしまえば、起業してビジネスをうまく軌道に乗せることもできますし、会社員で働くなら、営業でも事務でも開発・企画部のどの部署でも最高評価をもらえるようになります。

億万長者直伝の技法を教えますので、楽しみにしていてください。

そして、23日目から最終日までは、心構えについて話をしていきます。

この内容はとても重要で、どの分野でもトップ4％の人が共通して持っている考え方などを紹介します。

ここで話す内容は最重要事項で、この内容がしっかりとわかっていればどんなことでも達成できてしまう、強烈な威力を持っています。

ＡＩ時代の到来。私たちは生き残れるのか？

初めはＡＩ時代についてですが、これから迎えるこのＡＩ時代にも安心して生き抜いていくためにはどうすればいいのか。

まずはＡＩ導入の背景から進めていきましょう。

そもそもＡＩとは何か、知っていますか？

ＡＩとは「Artificial Intelligence」の頭文字を取ったもので、日本語では「人工知能」と訳されます。過去のあらゆるデータをもとに、ロボットが現状でベストな判断を自分でできるようにプログラミングしたものが、人工知能です。

世間では「ＡＩで仕事が奪われる」「ＡＩによってシンギュラリティが訪れる」なんて言われていますが、ほとんどの人がまだＳＦ映画のような感覚で、面白おかしく考えています。

ですが実は、**日本の場合はＡＩに頼らざるを得ない状況が見えているので、悠長に構えていられません。このことは日本の人口が物語っています。**

今の日本は誰もが知っている通り「少子高齢化社会」です。

子どもの数が少なくて高齢者が多い状態なのです。

さらに医療の発達に伴い、ますます高齢者は長く元気に暮らせるようになっていきます。

長生きできるのはとても素晴らしいことで、みんなに末長く元気に過ごしてもらいたいと私も思っています。

ただこの状況も、少し視点を変えてみると、ちょっと怖いことになります。


退職して年金暮らしをしている高齢者が増えると、当然ながら食料やサービスなどをたくさん供給する必要が出てきます。

自宅まで食料を配達したり訪問看護に行ったりなど、様々なサービスの供給が必要になるのです。需要（＝サービスを求める量）が増大して行くわけですね。

でも、子どもの数が減っていくと、その子たちが大人になったときに彼らにサービスを提供する側の人数が少なくなります。つまり、需要と供給のバランスが崩れてしまうのです。

少子高齢化社会に対して政府が考えている2つのこと

もちろん日本政府はそんなことはお見通しなので、対策を考えています。

具体的には2つあります。

・移民政策
・AIの導入

まず1つ目の移民政策です。要するに「外国人労働者を確保して、その人たちにがんばって働いてもらおう」ということです。

ただ、その政策を実行すると困った問題も発生してしまいます。外国人労働者は基本的に日本人よりも安い賃金で働いてくれるので、日本人の職が奪われてしまう可能性が出てきます。

雇用する側はできれば人件費を抑えたいと思っているので、当然ながら賃金の安いほうを雇いたいと思うのは自然なことです。

すると**日本人は仕事にありつけなくなり、生活ができなくなるので、外国人**

労働者と同じ賃金で働かざるを得なくなります。
当然、収入は激減します。すると物をあまり買わなく（買えなく）なるので、
経済が回らず、景気がどんどんと悪くなっていくのです。

経済は物とお金が常にやり取りされている状態が健全ですが、その流れが滞ってしまうので、景気が悪くなるわけです。国はこのことが予想できているので、移民政策については消極的です。

そこで次に出てくる労働者確保の策が、ＡＩなのです。ＡＩでできる仕事はどんどんとＡＩに任せていこうというわけです。

生産性も上がりますし、需要に供給が追いついて行く。だから近年、ＡＩがとても注目されているのです。「そんなの、まだまだ先の世界の話」と思っている人も多いですが、実はすでに実社会でもその活躍の幅が増えてきています。

例えば、すでにＡＩが導入されているところで『変なホテル』というホテルがあります。そこではほとんどの仕事をＡＩが担当しています。結果、生産性アップと人件費ダウンを実現できています。

他にも最近では、寿司屋の受付もＡＩになっているところが増えています。

私もどこかのレストランへ行ったとき、受付がＡＩだったことを記憶しています。とはいえ、私の滑舌が悪く、「何名様ですか？」という質問に何度も「２名です」と答えたのに何度も聞き返され、最後にはＡＩがあきらめてシャットダウンされてしまいましたが（笑）。

まだまだ課題点も多いＡＩですが、このように実社会に徐々に入ってきているのは事実ですし、ＡＩの他に、３Ｄプリンターも最近では話題になっています。簡単な家であればたった一日で作れたり、車も作れるようです。

このように、**技術の進歩は私たちの気づいていないところで大きく進化しています。**

もしもあなたがこのことを知らずに、今まで通りの教育にどっぷり浸かって社会に出たら、どうなるでしょう？

知識や常識に大きなギャップが生じてしまうのです。そして、この現実に気づいていない人があまりにも多いため、多くの起業家や経営者が心配をしています。

AI時代に乗り遅れないために、今大切なこと

では、このAI時代に乗り遅れず、安心して社会で活躍していくためにはどうしたらいいのか?

考え方は**「現在のことだけを考えるのではなくて、将来どのような未来がやってくるから、それに向けてどういった能力を磨けばいいのか」**です。

「そもそもどんな未来になるかなんてわからないじゃないか!」

そんな声が聞こえてきそうです。

大丈夫です。そのために本書があるのです。本書の講座で学んだことをしっかりと活かして、今の段階からどういった能力を磨くべきなのかを考えていってもらいたいのです。

そうすることで、たとえAIが導入されてたくさんの仕事がなくなったとしても、あなたは安心してAIでは担いきれない仕事や重役につくことができ、安心して生活を送ることができるようになります。

実は、ＡＩにも得意分野と不得意な分野があります。ＡＩも万能ではない、ということをまずは覚えておいてください。

例えば、ＡＩは何万ケタもの数字を演算したり、過去のデータを蓄積したり、膨大なデータを分析して現状を予測することは超得意です。これに関して、人間が勝てる見込みはほぼないと言われています。

逆にＡＩは、未来の想像をしてそこから今の目標設定をするのが結構苦手です。これだけでも、人間が担える余地があることがわかると思います。このように、**ＡＩができない部分の能力を今のうちから人間が常に磨いておけば、心配を減らすことができるのです。**

ただ重要なのは、〝常に〟磨くことなのです。確かにＡＩは未来予測が苦手ですが、それはあくまでも現時点での話。将来的にはもしかすると、その辺も得意になってくるかもしれません。

では、そのときはどうすればいいのか？　答えは同じです。やはりＡＩにできない部分の能力を磨いていけばいいのです。

何より重要なのは、この考え方を今のうちにわかっているかどうかです。

こういったことを考えずに、単にいい大学に入学することを目的とした偏差値主義の勉強をしても、ＡＩに通用するわけがありません。正しくインプットして正しくアウトプットする訓練をずっと続けても、それはＡＩが最も得意とするところなので敵うわけがないからです。

それよりは、「そのことを踏まえた上で今、何をすべきなのか」を考えていくことが重要です。

ただ勘違いしないでもらいたいのですが、だからと言って、目の前の勉強から逃げていいというわけではありません。**そもそも目の前のことを一生懸命できない人が、将来を考えて、その目標に向かってがんばれるわけがないからです。今の勉強をがんばるのは、最低条件です。**でもそれは、今回のテストで何点を取れたとか、そういうことではありません。

学校のテストが何点だったか、偏差値がいくらにアップしたか、いい大学に合格したか……これらは確かに大事です。それに、勉強にもやり方や成績を上げるポイントというものが存在します。

でもそれを単純作業と考え、ただ〝やらされている〟だけではもったいない。

今の勉強を通しながら、将来必要になってくる「創造性の力」を養っていくことが最も大事なのです。

それは目の前の課題から逃げずに、どうすれば達成していけるのかを常に創意工夫すること。自ら考えて課題を乗り越えて行くことです。

このことを頭に叩き込んで、先に進んでください。

Days 3

人生の失敗は、大きなチャンスになる！

なぜ、失敗を恐れてはいけないのか？

では、ＡＩ時代に生き残るためには、どのようなことをしていけばいいのか？

まず大切なのは、正解を見つけようとするのではなくて、これはどうだろう？　と思うことをどんどんと実行していくことです。

何が正解かというわけではなく、考えることが大事なのです。

それが創造性を育み、様々な思考を生み出すことを可能にします。だから、この講座で語られることを自分の中に落とし込みながら、自分なりに考えていってください。

そして「これかな？」と思うことがあったら、どんどん取り組んでチャレンジしてください。すると、また違った視点が自分の中に生まれてきます。


ただ、ここで1つとても大切な注意点があります。

それは、**失敗を恐れないこと**です。

人は**何かにチャレンジしようとしたとき、どうしても「失敗したらどうしよう」と考えてしまって、なかなか行動に移せなかったりします。それは本質的にもったいない**のです。

例えば、誰でも青春時代に人を好きになったことがあると思います。そして、告白しようかどうしようか迷ったと思います。

でも、そんなときに考えてしまうのです。

「つき合いたいけど、フラれたらどうしよう」と。

そして、あれこれ悩んでいる間にライバルが告白をしてつき合うことになってしまった。それを見たあなたは焦って、いてもたってもいられなくなって、勢いに任せて告白するけど、その子から言われた一言が「もっと早くに言って欲しかった……」。

きっと「もっと早くに告白しておけばよかった！」と後悔すると思います。

ずっと迷った結果、告白することもなく何も行動を取らないことで、今回の事例のように最悪の状態を迎えてしまうことになったのです。

もちろん、今のは極端な例かもしれませんが、ほとんど多くの人が、失敗を恐れて行動できていないのです。

こうすればあなたの不安はコントロールできる

「こうなったらどうしよう……」
「周りから批判されたらどうしよう……」
「失敗して倒産したらどうしよう……」

このような不安や恐れに悩んで行動せず、望まない結果を迎えることが本当に世の中の人に多いのです。

その理由は、そもそも失敗を恐れるからです。失敗を恐れて、悩んでしまって行動ができなかったので、望む結果を手にすることができなかったのです。

ここでしっかりと理解してもらいたいことがあります。

それは、**「その不安や恐れというのは、今この時点で現実になっているか」**ということです。

例えば、もしフラれたらどうしよう、もしビジネスをしていて会社が倒産したらどうしよう、もし批判されたらどうしよう……という不安を私たちは常に感じています。

しかし、その不安はその時点で現実化しているのでしょうか？

目の前で起きていることなのでしょうか？

当然、まだ起こってもいないし、現実化もしていません。

ほとんどの人はまだ起こってもいないことに不安や恐れを感じて悩んで、勝手に自滅していきます。これは、ものすごく馬鹿らしいと思いませんか？

誰からも何もされていないのに、勝手に想像の中に出てくる不安だけが大きくなって、勝手に落ち込んで、勝手に悩む。そして勝手に失敗する。これはどう考えても得策ではありません。

ただ、それでも人はどうしても不安や恐怖を感じるでしょう。

そこで、その解消法をお話ししたいと思います。

ポイントとなるのは、「この不安は、今はまだやってきていない」と思うことです。この考えは、人生の失敗をチャンスに変えるきっかけにもつながってきます。

そもそも**「失敗」というものは、この世に存在しません。**

人生がうまくいっている人たちは共通して「失敗＝改善点」と捉えています。

告白をしてフラれたとしても、何がいけなかったのかを相手から聞いて改善をすれば、その人とはつき合えなかったとしても、次に好きになった人に対してはもっと魅力的な自分でアタックできます。もしかするとフラれたあとに、その魅力に引き寄せられて、一度フラれた相手から告白されることだって充分にあります。

思うように行かなかったことがダメなのではなくて、思うように行かなかった点を改善することが大事なのです。そうすることで、どんどん次につながっていって、いつかは成功するようになります。

失敗と成功は表裏一体なのです。

そもそも、失敗を改善し続ければいつかは成功します。ずっと成功し続ける人なんていないのと同じで、ずっと失敗し続ける人も同じようにいません。いつかは成功します。

ただし、失敗を改善し続ければの話です。

なぜあなたは行動できない人になってしまうのか？

とはいえ、「あること」をしている限り、成功することは絶対にありえない行為が1つだけあります。

それは、「何もしない」ということ。

先程の例で言えば、あれこれ悩んで告白をしない限りは、つき合えることはないし、行動を起こさない限り何も始まることすらありません。ちなみに、会社を経営している場合だと、行動しないともれなく倒産します。

ほとんどのことは行動しない限り、失敗することができません。しかし、失敗は成功への鍵なので、2つで1つなのです。だから、どんどん成長して成功したいのなら、失敗を恐れずにチャレンジしていってもらいたいと思います。

これは一見難しいように思うかもしれませんが、実は私たちのほとんど全員が、この失敗を恐れずにチャレンジしてきたものがあります。

それは、幼い頃に練習をした自転車や逆上がりです。何度も何度も失敗するけど、それでもあきらめずにやり続けた結果、どうなりましたか？

恐らくは、ほとんどの人が自転車に乗れるようになったり、逆上がりができるようになったと思います。**多くの人は、過去のそういった失敗の先にある成功という体験をしている**のです。

にもかかわらず、なぜか大人になると失敗を恐れて行動しようとしなくなります。もっと言えば無難な行動しかせずに、自分の殻を破ってチャレンジをしていこうとしなくなるのです。

それはなぜなのでしょうか？


実は、今の教育にその原因があります。

今の学校のテストは正しい答えが書けていたら○をもらえますが、間違った答えを書くと×になります。そして、点数が悪かったら「どうしてこんな点数を取ったの？　もっと勉強をしなくちゃ！」「なぜこんなこともわからないんだ？」「ここが苦手なら、もっと勉強時間を増やして、できるようになりなさい」などと言われます。

これらの共通点が「失敗をしてはいけない教育」なのです。

「失敗はダメだよ、間違いはダメだよ」と、言われながら正解のみを求められる教育を、多くの人が受けてきたと思います。

今の教育は、失敗をするとなぜ失敗したのかを追求して、失敗をすれば責められて、余計な課題を与えられます。もちろんそれがダメというわけではありませんが、そんな教育を12年間も受けたら一体どうなるでしょうか？

「失敗＝ダメなこと」という考え方が根づいてしまいます。

「それの何がいけないの？」と思う人も多いと思いますが、まさしくそう思うこと自体が「失敗はダメ」という教育にどっぷりと使ってきた証拠なのです。

海外ではむしろ「失敗したっていいじゃん！　それも個性だよ！」という感じの教育がされています。だから、海外の人の多くは失敗を恐れずにどんどんチャレンジしていけるようになるので、多くのことを発明したり、新しいビジネスを作り上げていくのです。

私たち日本人は、「失敗＝ダメ」という教育をとことん受けているので、その考えが根づいてしまい、失敗を恐れて行動できないようになってしまっています。失敗を恐れて行動できず、成功もしづらくなっているのです。

夢を実現したり目標を達成するためには、この考え方自体を変えていく必要があります。そのためにもまずは、**失敗を恐れないという考え方が大切**になってきます。

「失敗は単なる改善ポイント」という考え方に切り替えて、これを常に意識してもらいたいのです。

勝手に限界を作らない考え方が成功を引き寄せる

先程の自転車の件とも関連することですが、何度もチャレンジし続けたけど乗れなかった人もいると思います。

そんな人は結局、乗れない（＝失敗）で終わってしまってので、「この考え方はおかしいんじゃないの？」と思う人もいるかもしれません。

これからお伝えすることは、実際に自転車に乗れなかったり、何かにチャレンジをして失敗で終わってしまっている人にはすごく耳が痛い話になりますが、この書籍を手に取って読み始めた以上は、自分の中で変化を起こしたいと思ってくれていると思います。

そんな自分の可能性を信じている人には成果を出してもらいたいと思っているので、あえて嫌われるかもしれないことを言います。

実は、**チャレンジして失敗で終わっている人は、勝手に自分で限界を作ってしまっている**のです。

例えば、90日間も自転車に乗る練習をしたのに乗れなかったとします。90日も練習したら相当の時間をがんばったと思いますが、それで乗れなかったと思うとしたら、限界を勝手に作ってしまっています。

うまくいく人は乗れるまで練習し続けます。うまくいく人は90日間で乗れなかったのなら、91日目も練習をする。３００日練習して無理でも、３０１日目も練習をします。だから乗れるようになるのです。

もう一度、自転車の練習をしたあの頃を思い出してください。本当に失敗を恐れずに、何回も「くそーっ！」と言いながら、泣きじゃくりながら、恥も外聞もなく、ただがむしゃらにひたむきにがんばっていたと思います。

まさか自分が乗れないなんてことも想像せずに、ただひたむきに「絶対に乗れるようになるんだ！」という思いで突き進んだと思います。

この考え方が結果的に成功を引き寄せているのです。

何度も言いますが、私たちはこういった貴重な成功体験を積んでいるにも関わらず、そのあとの教育で「失敗はダメ」という概念を植えつけられるので、素晴らしいひたむきな情熱がなくなってしまうのです。

これから**人生を切り開いていくためには、何が何でもこの「失敗を恐れない」という思考を身につけてもらいたい**と思います。

Days4

年収1000万円は夢じゃない！

4日目は、多くの人が憧れる年収1000万円を目指すために必要なことを話していきます。この内容をちゃんと理解すれば、年収1000万円も夢ではありませんが、これをちゃんと押さえないと夢で終わってしまいます。

それほど難しいことではないのですが、ほとんどの人はこれから話す概念を持っていません。

「はじめに」にも書きましたが、そもそも年収1000万円以上の人は日本人口のたった4％です。そもそもみんなと同じ考え方をしていたら、当然そこに到達するわけがありません。

だから、多数派の意見が正しいというわけではない、ということを覚えてください。ただ、当然多数派が悪いというわけでもありません。「あなたは、どちらを選択しますか？」というだけのことなので、それを念頭に置いておいてください。

今まで話してきたこともすべてはつながっているので、忘れずにちゃんと復習をしてしっかりと身につけおいてください。

人は誰しも「コンフォートゾーン」にいようとする

「コンフォートゾーン」という言葉をご存知でしょうか？

初めて聞いた方もいると思うので、まずはこのコンフォートゾーンについての説明をします。

コンフォートゾーンとは「快適な場所、居心地のいい場所」という意味。

そして当たり前ですが、**私たちはやはり居心地のいい場所に居続けたいもの**です。もちろん人それぞれ、このコンフォートゾーンの層は違いますので、わかりやすくするために年収に例えて解説をしていきます。

例えば、年収が３００万円の人は、その辺りがコンフォートゾーンです。年収が６００万円の人はその辺り、年収１０００万円の人は１０００万円辺りがコンフォートゾーンになります。

このように、それぞれの年収のゾーンにいる人は、日々の中でいいこと悪いことはあるものの、そのゾーンや環境が居心地がいいので、そこから出ようとしません。

例えば、毎月のお給料から奥さんに渡す金額が15万円くらいで「もっとがんばって働いて、生活費を多くしてよ！」と言われると「がんばってるよ！」と言い返してしまいます。

もちろん毎日がんばっていると思いますが、そう言い返したものの来月から渡す金額が増えるかと言えば、そうでもありません。そして半年後、1年後を見てもだいたい金額は変わっていません。サラリーマンなら昇給で少し上がるくらいです。

がんばっているし、お金を稼ぎたいと思っているけどそんなに変わらないのは、そのゾーンの居心地がいいので抜け出せないでいるのです。

「サラリーマンなんだから、給料が決まっているから仕方がない！」と考える人もいると思いますが、ちょっと厳しく言うと、そういった正当な理由を言うことで、ほとんどの人が行動しないためのもっともらしい言い訳を自分にして、自分自身を納得させることで行動しないという選択をしています。

本当にお給料を増やしたければ、いくらでも方法はあります。

例えば、独立して自分で起業するとか、会社での営業成績をあげてトップセールスマンになったり、企画でヒット商品を考えたり、経理にいるなら経費削減についての提案を社長にすればいいだけなのです。そして、そこで経費が削減できたらその何パーセントかを報酬でもらえばいいのです。

しかしここで、「いいや、そんな知識もないし、そもそもうちの会社はそんなことは認めないし、話も聞いてくれないよ」という人もいると思いますが、それこそが〝正当な言い訳〟になってしまっていることを知っておいてもらいたいと思います。

そういった知識がないのなら自己投資をして学べば済みます。そもそも社長に提案もしていない段階で、なぜ無理だとわかるのでしょうか?

実行して断られない限りそれはわかるわけがありません。もちろん過去にチャレンジした先輩がいて断られたということもあるかもしれませんが、それは何かしら社長の求めるものとズレている可能性があるからです。言い訳をなくして何が何でも社長に意見を通したいのならば、色々な発想が出てくるはずです。

そもそも社長は何を求めているのか？　それを調査してから、社長の願望にマッチングした提案をすればいいだけです。

しかし、こういったことをする人はまずいません。「給料が低い」とか「社長や上司がわがまま」と愚痴を言うけど、結局は自分が努力するのが面倒だから、正当な言い訳をしてやらなくていい理由を並べるからです。こんなことをしていては、年収1000万円に到達することは不可能です。

「変わらない自分であり続けるための理由」を並べて、今の状態であり続ける場所――そこがコンフォートゾーンなのです。

もし年収1000万円以上になりたいとか、勉強ができるようになりたい、人生を成功させたいと思うのならば、このコンフォートゾーンを抜け出していかないといけません。

コンフォートゾーンを抜け出し、アンコンフォートゾーンに進め

コンフォートゾーンを抜け出すには、アンコンフォート（不快）ゾーンに行

く必要があります。

そこはとても不快なのですごく居心地が悪いです。今の自分よりステージが上の人と同じような行動を意図的に取っていく必要があるので、行動や作業自体が難しかったり、面倒だったり、しんどかったり、怖かったりします。

勉強でもすごく成績を伸ばそうとすれば、進んで居心地の悪い場所に行って勉強時間を増やしたり、面倒な復習をこまめにし続けないといけません。

それをやり続けると成績が伸びてしまいます。これはスポーツでもビジネスでも同じです。どんな分野でも成長しようとすれば、この居心地の悪い場所にあえて行く必要があります。

人生がうまく行っている人や、すごく収入の多い人は、このことをよく知っています。この居心地の悪いところに進んでいくことで、自分が進化することをよく知っています。

では今、自分がアンコンフォートゾーンにいるかどうかがわかるにはどうすればいいのか？

基本的に居心地が悪いと、こんな感情が湧いてきます。

「しんどい」「めんどくさい」「不安」「恐怖」「何かわからないけどやる気が出ない」「これは自分には合っていない」

これらはすべてコンフォートゾーンを抜け出して、居心地の悪い場所にいるときの本能からのサインです。

多くの人はこういった本能からのサインが来ると「今日はしんどいから明日にしよう」「やっぱり怖くてできない」「今の私には無理だ」とできない理由ばかりを並べてやろうとしません。だから、不平不満を言うだけで、現状は何も変わらないのです。

そして、挙げ句の果てには「景気が悪いから」とか、「今回の問題は難しくてみんなできてなかったから」とか、他人や出来事のせいにして自分を見つめようとしないのです。

こういう思考と行動になる人は本当に多いです。だから、勉強なら偏差値65を超えられなかったり、大人になって年収1000万円を超える人はほとんどいないのです。

うまくいっている人のアンコンフォートゾーンのこなし方とは？

では、うまく行く人や年収が高い人たちは、この不快な感覚が押し寄せてきたときにどうするのか？

うまくいく（うまくいっている）人たちは、こういった本能からのサインがきて不安や恐怖が押し寄せてきたときにこのように自分に問います。

「どうすれば、うまくいくだろうか？」

注意しないといけないのは、「なんでうまくいかないんだろう？」と問いかけてはいけない点です。実はこの微妙な違いが、成否を大きく分けてしまうのです。

実は、脳はGoogleなどの検索エンジンと同じで、「どうすればうまくいくのか？」と検索するとうまくいくための理由や方法が、「どうしてうまくいかないのか？」と検索するとうまくいかない理由がズラーっと出てくるようになっています。

そして多くの人は、この「どうしてうまくいかないのか？」という質問を、自分にも周りにもすごく言っています。

例えば、仕事で部下が失敗したら「どうしてこんなことになったんだ？」と言って叱ったり、自分の子どもの成績が悪かったら「なんでこんな点数取ったの？」と言います。

誰も「いい結果を出すためにはどうして行こうか？」と問いかけません。こんなネガティブな質問をされるからいい答えなんて出ず、結果もついてこない負のスパイラルに陥ってしまうのです。

ビジネスでもスポーツでも勉強でも結果を出す人は、必ずこの質問「どうしたらうまくいくのか？」のみを自分に問いかけています。

ちょっとした違いですが、このわずかな捉え方の差が、後に大きな違いを生むことになります。これが年収１０００万円になるためには絶対に必要な考え方なので、しっかりと押さえておいてください。

Days 5

行きたい大学へ行ける！

あなたは何のために勉強をするのか？

ここまで色々な話をしてきました。

・少数派意見になったほうがトップクラスに行ける
・激動の世の中に対応できるように逆算形式で考える
・チャレンジには失敗と成功はいつでもセット
・成長はいつだって居心地の悪い場所で起こる

今度は、それを勉強というカテゴリーに当てはめて話をしていきます。

今回の話を聞けば、そもそも「そんなことでいちいち苦しんでいられない」ということがわかるようになってきます。そして、どんな大学にだって行けるようになります。

では、ちょっと質問をします。少し時間を取って考えてください。

そもそも勉強って、何のためにするのでしょうか？

この疑問は多くの人、特に子どもが持っていると思います。ここまで読み進めてくれたあなたはすでに考えることの大切さを知っているので、自分なりに何かを振り絞ろうと勉強をする理由について考えてくれていると思います。

ここでよく出る答えは「いい会社に就職するため」「将来、安定した仕事に就くため」というものだと思います。

しかし今の時代、「いい大学＝いい就職先、安定した仕事」の構図は破綻しかけています。

もう少し正しく表現すれば、一昔前は学歴社会と言われていたので、そういった流れはありましたし、今もまだその余韻は残っています。しかし、学歴を重視しない会社もどんどん増えてきています。学歴を重視しないと言ったら誤解がありますが、学歴だけがすべてではなく、評価基準の一部としか考えない会社も増えてきているのです。

「本当に？」と思うかも知れませんが、ここでもう1つ質問をしたいと思います。

あなたが会社の社長だとして、二人の大学卒業者で入社希望者の面接をしていたとします。

一人は東京大学卒業ですが、4年間遊びに遊び尽くして、大学入学時よりも頭は悪くなってしまっている。しかも、遊び優先だったのでアルバイトもロクに続かず、何ヶ所も転々としていました。

もう一人は三流大学だけど大学時代に猛勉強をした結果、あなたの会社がやっている業種の分野で、多くの企業に対して発表をしたり、関連会社に研修に行き、商品も作ってきた実績があるとします。

ちょっと極端な例かも知れませんが、こんな二人だったらあなたならばどちらを採用しますか？

恐らくは、後者の大学在学中にがんばってきた人を採用すると思います。

つまり、最終学歴がどうこうというよりも、それまでに何をしてきたかのほうが大切だということなのです。

大切なのは結果ではありません。もちろん、結果がついてくるとすごくいいことですが、**一番大切なのは「目の前にある課題に、逃げずにチャレンジすること」**なのです。

それをしない限り、当然ながらすごい結果が出ることもありません。結果は副産物にしかすぎないのです。

しかし多くの人は、結果（＝最終学歴）にこだわって、その間の過程やその結果の先のことを考えなさ過ぎています。だから大学受験終了とともに燃え尽きてしまって、大学を卒業する頃には受験時代のがんばりが嘘のように、腑抜けになってしまっている学生が非常に多いのです。

これは社会問題にもなっています。大学生活と社会人生活での環境や条件が違いすぎてギャップが大きいため、新社会人になってからうつ病などを発症する人も少なくないのです。

学歴なんて関係ない！　でも勉強は大事

とはいえ、ギャップの大きさよりも、目標が最終学歴で終わってしまっていることのほうが要因としては大きいです。

人生の中での大学受験は18歳～20歳くらいですが、それは人生の半分も生きてない段階です。目標がそこで終わるのは、あまりにも人生において早すぎることになります。だから、そんなあまりにも早い段階で終わってしまうので、多くの人が社会人になってから人生の迷子になってしまうのです。

そうなってしまったら、いくらいい大学を出たとしても、安心して安定して働き続けることなんてできるわけがありません。学歴だけを重視して、人生の結論を早めると、その後の社会人生約40年が苦しくなります。


最近では、企業の採用担当者もそういった背景のことをよく知っているので、最終学歴だけで見ることも、そこを重視することもしない企業が増えてきています。

むしろ、面接を受けにきたその日までに何をしてきたのか、今後どうして行きたいのか、という「過程」と「将来のビジョン」を重視しているところが増えてきています。学歴だけにこだわると、こういった落とし穴にはまるから気をつけないといけません。

ただ、勘違いしてもらいたくないのですが、勉強をしなくていいというわけではありません。

人生の途中過程をどう生きてきたかが大事なのです。勉強はそれを測る物差しになります。大嫌いでつらい勉強でも逃げずに立ち向かっていけば、必ずそれなりの成績は取れます。

どうしても暗記ができないのなら、反復回数を増やせばいいですし、計算が苦手なら、毎日計算の練習をすればいいのです。しかし、多くの人が「僕は暗記が〝苦手〟だから」「あいつは頭がいいけど、私は違うから」と言い訳をしてやるべきことをやろうとしません。

高校で学ぶレベルまでの勉強で、頭の良し悪しはほとんど関係ありません。今の日本教育で高校までの勉強は基本的に「知っているか」「知らないか」です。日本の教育は正確にインプットして正確にアウトプットできるかどうかだけが求められているので、正確にインプットすることに特化すれば基本的に覚えられます。それでも覚えられないのであれば、やり方がマズいだけなのです。

「エビングハウスの忘却曲線」というものがありますが、これは「人は1日経つとその日覚えたことのおよそ80％は忘れてしまう」というものです。さらに、3日経つと人は97％を忘れてしまっているのです。

習ったことは3日以内に復習をしないと忘れてしまいますが、そもそも目の前の勉強という課題をがんばっていない人は、この復習をおろそかにしています。ゲームやYouTubeや目の前のことが楽しければいい選択ばかりして、やるべきことをやらずに、挙げ句の果てに「僕は勉強が苦手だから」という言い訳をしているのです。

そんなことをやっていて成績が上がるわけがありません。逆に、ちゃんと今の自分の課題と向き合ってそれを乗り越えようとすれば、自ずと成績は上がってしまうのです。なかなか上がらないとしても、あの言葉を自分に問いかければいいのです。

「どうすれば、うまくいくのか？」

今回、最初にした質問ですが、「そもそも勉強は何のためにするのか？」

これだ！　という正解はなく人それぞれ違います。しかし、人生を切り開いていく人ならきっとその意味を自分なりに見出すはずです。しかし、多くの人は、将来使わないことばかり勉強しても意味がないと言います。

気持ちはわかりますが、それではその他大勢と同じで、人生を成功へと導くことはできません。

人生を成功させる人たちは、意味がなかったり価値が少ないものの中からでも意味を見出したり、価値を見つけ出すのです。そういう人たちは人生を大きく切り開いていきます。だから結果的に、勉強ができる人や勉強熱心な人もすごく多いです。**実際に経営者は、トップにいるのに、人一倍努力家で勉強家が多い**です。

勉強も「人生のレッスン」だと思って、ちゃんと覚えられるように、ちゃんと問題が解けるようにするにはどうすればいいのかを考えて、チャレンジしていってください。

自分のためにやっていることであり、人生のレッスンだと捉えた子どもたちは、本当に自分の行きたい大学や道を選ぶことができるようになっています。

Days 6

好きなことで楽しく人生を歩んでいける!

なぜ、思考は現実化するのか?

有名な言葉で「思考は現実化する」というものがありますが、これを正確に言えば、**「細かいところまで明確にしてイメージができている思考は行動へとつながり、それが現実化していく」**ということです。

例えば、好きな子がいて、その子のことをずっと好きだ好きだ! と思い続けても現実化しません。その子が好きなら、両想いになるためには今の自分がどういった行動を取るべきなのかを具体的に考える必要があります。

具体的に考えられないときには、考えられるようにするために、情報を集める必要があります。相手から好かれるための話し方や接し方などもあります。女性が好むものや流行りの情報など、そういった知識が入れば入るほど、自分が何をすべきかがわかってくるようになります。

このようにやるべきことが明確化するから、それが行動へとつながっていき、現実化していくのです。

サッカーの本田圭佑選手は、卒業文集で自分の夢のビジョンを驚くくらい具体的に書いていたことは有名です。

「W杯で有名になって、セリエAに入団。そしてレギュラーで10番の背番号をつけて、年俸は40億円。プーマと契約してスパイクやジャンパー……」という感じです。


とはいえ、「そう言っても、まだこれがやりたい！　っていう夢や目標が今イチはっきりとしていないんですけど、そういう場合はどうしたら良いんですか？」という質問もありそうです。

確かに、学生時代から「これがやりたい！」というものが見つかっている人はそれほど多くありません。私も学生時代にはちゃんとした夢は見つからず、何となくこれかなぁ？　くらいにしかイメージができていませんでした。なので、その気持ちもよくわかります。

今は将来のやりたいことが漠然としていてもいいのです。

人に喜ばれることを仕事にしたいと思うのならば、「人に喜ばれる人ってそもそもどんな人か」を考えるのです。たくさんの情報を知っている人が人に喜ばれるのなら、たくさんの知識を身につける必要がありますし、話をたくさん聞くことが人に喜ばれると思うのならば、上手に話を聞くスキルを身につければいいのです。

そうやって**漠然としたところからでも徐々に分析していけば、何をすればいいのかが見えてきます。**そして、「これかな？」と思うことを続けることで徐々に自分の今いるステージが上がって行きます。すると、今まで見えなかった世界が見え出したり世界観が広がって行き、自分がやりたいことを発見できるようになるのです。あとは行動すれば現実化して行きます。

大切なのは、**好きなことで楽しく人生を歩んで行くためにも、少し考え始めてみるということ。その小さな行動が徐々に未来へとつながり、現実化して行くようになります。**

環境が思考をポジティブにする

そして、さらに大切なことがあります。

実は、感情は思考が作り出しています。

マイナス思考になっているときに幸せは感じられません。同じように、プラス思考のときに悲しい気持ちになることも難しいのです。つまり、思考の先に感情があるということです。

では、思考をポジティブな方向に向けるにはどうしたらいいのか？

それは、環境を整えることです。

悪い環境では、どうやったって良い思考は生まれません。例えば、人の悪口ばかり言う集団の中で、自分だけが心穏やかに優しくなるのは難しいものです。綺麗な水に黒の絵の具を入れると、濁るのと同じなのです。

つまり、**環境が思考に大きな影響を与えるのです。**

環境を整えるには、よく接する周りの5人を「自分が尊敬する人」や「この人みたいになりたい」という人で固めると良いと言われています。

この先にも出てくるので、そこで詳しく解説をしますが、この5人を入れ替えることで環境が変わります。周囲の人が発する言葉が変わるためにどんどん影響を受けて、あなた自身の思考が変わり始め、結果的に感情へ大きな影響を与えるのです。

1	2	3	4	5	6
7	**8**	**9**	**10**	**11**	**12**
13	14	15	16	17	18
19	20	21	22	23	24
25	26	27	28	29	30

2nd Week（7日目～12日目の授業）

学校では教えてくれない現実とは？
――学校教育は時代に取り残されている！――

Days 7

なぜ好きでもない仕事をしてしまうのか？

20代で人生をやり直した私自身の話

さて、今回から2週目に入りますが、まず考えてもらいたいことがあります。

もしも、あなたが会社を経営していて社長だったとしたら、どちらの新人さんを雇いたくなりますか？

そして、採用する理由は何ですか？

この時点での二人の能力は同じだとします。

・別に勉強は優秀じゃないし、目標もちゃんと決まっていない。でも、目標を見つけようと日々もがき苦しみながら努力をし続けている未来タイプの人
・その場が楽しければいい、という自由奔放な生き方をしてきた今タイプの人

実は、未来タイプは私の友達の一人です。

その友達がどうなったのかというと、自分がなりたいと思った仕事に就くことができました。そして今も、その仕事をしながらプライベートも充実させています。

では、今タイプは誰なの？　というと、かつての私です。

私はもともと勉強なんてやる意味あるの？　と心底思っていたので、基本的に勉強はしませんでした。親の強制で塾には通っていましたが、ほとんどサボっていましたし、授業に出ても一番後ろで寝ていました。起こしにきた先生に逆ギレしたこともありましたが、今思えば非常に申し訳ないです。

そんな状態だったので、名前だけ書いたら受かる大学に行きました。そこでもやっぱり今タイプを発揮して、授業にも出ずに毎日遊んでばかり。気がついたら留年になって、そのまま大学を辞めました。

大人になってからやりたいことができましたが、面接に行ったすべての会社に断られました。面接のときに共通して「大学中退でそんな立派なことを言っても口先だけと取られても仕方がないよ。いい大学を出ろとは言わないけど、大学すらまともに卒業できない人を信用できるわけないよね？」と言われました。

つまり、やりたいことすらできない上に、社会的に信頼されない状態になってしまったのです。

このままじゃさすがにマズいと思い、大学をもう一度受験し直して何とか合格しました。

そのときはさすがにこれまでサボってきたツケがたまりすぎていて、大学受験をし直すころには掛け算も怪しくなっている状態でした。最初は算数のドリルをやりました（笑）。普通の受験生よりも圧倒的に不利な状態からのスタートだったので、本当に泣きながら勉強をしました。

そうやって人生をもう一度スタートし直したから、何とか軌道を立て直すことができましたが、軌道修正には実に4年の歳月を費やしました。

私はどちらかというと、そんなに優秀な人間ではありません。

今は勉強を教えられるくらいの学力はありますが、そうなれたのも本書に書いてあることを私自身が徐々に学んでいったからです。

人よりも多く遠回りをしました。もちろん、私にとっては必要なことでしたが、実際に4年の遠回りは非常に大きいです。

なにせ、同級生が4歳下ですから（笑）。例えば、高校1年生だとしたら、同級生が中学1年生になるのです。そんな子に呼び捨てにされるわけですから、プライドの高い人なら受け入れるのに相当苦労するでしょう。

しかし幸いにも、私の4歳下の同級生は私よりもしっかりしていましたし、とても人として素晴らしい人たちだったので、呼び捨てにされても何とも思いませんでした。むしろ尊敬もしていました。だから今では、もう大親友です。でも時代が違うので、流行りの曲や話題を合わせるために、結構流行のものを勉強しました（笑）。

死にもの狂いで今までの好き勝手をなくして人生の遅れを取り戻して、さらに努力を続けたから今は自分が好きなことを仕事にすることができていますが、そうじゃない人もたくさんいます。

これは誰でもそうですが、やはり**夢を叶えたり自分がやりたいことでご飯を食べていけるようになるためには、それなりに超えなければいけない壁はやってきますし、努力も必要になります。**時には心身ともに傷つくこともあります。不安でつらいときだってあります。

しかし、それでも前を向いて「自分ならできる。大丈夫だ」と、いつも声を出して自分に言い聞かせてきたので、私はやりたいことを仕事にして充実した日々を送れるようになりました。

夢が実現する人と、実現しない人の違いとは？

ほとんど多くの人は夢を実現したいし、好きなことでご飯を食べられるようになりたいと言いますが、それに必要な行動を取ろうとしません。そして不平不満を言って、世の中が不景気だからとか政治が悪いと言います。

確かにその影響がゼロだとは言いませんが、そんな不満を言ったところで自分の環境が何か変わるのでしょうか？

それよりも、もっと直接的に自分の人生に影響を与えることをすればいいのですが、やらないで済む理由を並べて行動しない人が多いのです。

うまくいく人は、今の自分ができることを精いっぱいがんばっています。そして行動し続けるから、最終的に夢が実現するようになるのです。これが好き

なことを仕事にできている人と、そうでない人の決定的な違いです。

やりたいことや好きなことを仕事にしたいのならば、まずは恐れを持たず不安を承知で常にチャレンジをしていってもらいたいと思います。

Days 8

なぜ同じスーツを着てアリの軍隊のように働いてしまうのか？

自分の人生を歩むか、人と比べる人生を歩むか？

今回は、集団心理について少し深く話をします。これがわかるようになると、「なぜみんなと同じことをしていても人生が成功しないのか」もわかるようになります。

この集団心理を理解せずにみんなと同じことを正しいと思ってやり続けると、自分というものがなくなってしまい、毎朝同じ時間に満員電車に乗って通勤し、夕方にはクタクタになって帰る日々を延々と繰り返すようになってしまうので、しっかりとこの内容も読み進めてください。

基本的に日本の教育は統一性を持たせるためにみんなに同じ情報を与えて、それを正しく認識して正しく出力するという教育を受けているとお話ししてきました。

逆に言えば、個性が育ちにくい環境という捉え方もできます。だから日本人は世界から、とても自己主張が弱い人種だと思われているのです。

ただ同時に、日本人の礼儀正しさも世界最高水準ですごく高い評価をもらっています。だから、ここにちゃんと自己主張ができる個性が磨けると、日本人はもっと世界で活躍できる人種になると言われているのです。

さらに自己主張が弱くなってしまう原因が、「ミスをなくす教育」でした。復習がてらにもう一度お伝えしておくと、例えば、学校のテストが悪かったらどうして悪かったのかという原因ばかりが追求されます。ここで、ポイントなのは「どうして悪かったのか？」と聞かれているところなのです。

実は、この**マイナスのイメージを連想させる言葉を浴び続けると、人はミスを恐れてミスしないような行動心理が働くようになります。**

これが対人関係なら、嫌われないように無難に接するようになります。すると、本来はもっと自信を持ってできることが、できなくなってしまうのです。みんなと同じ行動をとって、無難にやり過ごしたほうが安全という価値観が仕上がってくるのです。

しかし、人に嫌われないように行動をするとどうなるのかと言うと、特に印象もない人物となって、同窓会とかになると「お前、誰だっけ？」と言われるようになってしまいます。そしてさらに自信をなくし、もっと行動ができなくなっていく負の連鎖が始まるのです。

これは勉強でも同じです。悪い点数を取って、怒られないように必死にやった結果、また悪い点数だったらどうなるかというと、さらに焦りが増して作業が雑になっていきます。焦りばかりが先行して本来やるべきことが見えなくなってしまうのです。

成績が落ち込むと、学校から補習や宿題の追加を渡されたり、塾に通い詰めの毎日になり、勉強という壁に押しつぶされそうになってしまう子どもがとても多いのです。

この**「成績が悪い↓補習時間・課題を増やす↓本来やるべきことができない↓成績が悪くなる↓補習時間・課題を増やす」というのは本当に断ち切らなければいけない負の連鎖**です。

最近はこの事実に気づいて、たくさんの課題を与えられるよりも苦手なところにもっと集中的に時間を使ったほうが効果的だと考える子も増えてきました。しかし、教育の現場や親はまだまだこの事実を知らないか、受け入れられていないという現状があります。

例えば、やらなければいけない仕事が目の前にたくさんあって、それでも上司からアレもコレもやってと言われ、どんどん仕事を押しつけられたらパンクしてしまいます。どれも中途半端だから何も作業が完了しないし、結果にもつながりません。

実社会や実生活ではわかっていることなのに、勉強になるとなぜかわからなくなる人が教育者の中にもたくさんいます。それもこれも、みんなと同じでなければいけないという集団心理の影響を大きく受けているからなのです。

そして、「みんなと同じように学校のテストは平均点を取らなければいけない」「大学にも行かなければいけない」「いいところに就職しなければいけない」という考え方になるのです。

それが別に悪いわけではありませんが、ただこの考え方は自分が中心になっていないのです。結局、常に他人と比べっこする人生になっているのです。

人間は「生存本能」の生き物である

人生とは、いったい誰のものなのでしょうか?

自分の人生は自分のものです。にもかかわらず、みんな他人と比べっこしながら「みんなと違うことをしていないかな?」「多数派に入っていないと自分は間違っているかも?」と思って、また多数派に戻っていくようになります。

でも不思議なのが、みんな他人よりも幸せになりたいと思っています。

ここが本能に残っている部分なのです。みんなと違うと不安になるのに、みんなよりも収入を多くしたいとか、いい家に住みたいとか、いい大学に行きたいとか、みんなよりも幸せになりたいと思うのです。

そのような思考が働くのは、考える脳が違うからです。

「みんなと同じ行動を取らなければいけない」という本能は、それほど歴史は深くなく、せいぜい2500年くらいです。

人類はもっと昔から存在していたので、そのさらに太古の昔には人類の祖先がいました。つまり、何万年もの積み重ねが今の私たちを作り上げていることになります。それが、私たちの最も基礎の土台となる本能を作り上げているのです。

その本能を「生存本能」といいます。生存本能が働くと、他の生物よりもより優秀に、同じ種族でもその中でリーダー的存在になります。子孫を残す生存本能があるから、人よりも幸せになりたい欲求が生まれるようになります。

たかだか2500年くらいの「みんなと同じじゃなきゃいけない」という本能と、何万年も培ってきた生存本能。一体どちらが強く働くでしょう?

それを確かめるための、簡単なテストを今からしてみたいと思います。次の内容を見て、あなたならどちらの人生がいいかを考えてみてください。

「朝7時に起きて、8時に出社。上司にガミガミ言われながら仕事をして、17時に退社。家に帰ってビールを一本飲んで、お風呂に入って寝る。次の日、また同じ日々が始まる……」という人生。

「朝7時に起きて、8時の出社に間に合うように電車に乗ったら、素敵な人と巡り会う。勇気を持って一言声をかけると意気投合。そして次の日、仕事終わりにデートして、それを何日か繰り返していると、念願叶っておつき合いが開始。半年後、相手の方から別れを告げられ、人生のどん底を味わう。それでもめげずに自分の魅力を磨いていると、また素敵な人と巡り会い、そして結婚。そんな中、会社からリストラを宣告されて、またまた人生がどん底に。しかし、自分の可能性を信じて恐れを持たずに自己成長への投資を惜しまず常に前進していると、以前の取引先から『うちに来ないか?』と声がかかる。以前の会社よりも給料は高く、役職つき。安定した高収入を得ることで家も楽々購入。しかし、その会社が倒産してまたまた地獄へ。それでも、常に努力をし続ける先の結果をたくさん体験しているから、また人生を切り開くために、家族のために前を向いてがんばる……」という人生。

2つ目は、人生のアップダウンはあるけど常に自分を磨くことで、およそ人が体験できないことを味わい尽くすことができます。

2つ目の人生のほうが面白いとはわかりつつも、ほとんど多くの人は「1つ目」のような人生を送っています。人と違うと、不安や恐怖を感じるように教育されているから。

その生き方がダメというわけではありません。しかし、本能の訴えは違います。「自分らしくイキイキと生きてくれ！」と言っています。

アール・ナイチンゲールの「大衆は常に間違っている」という言葉があります。

人と違うことをするのは勇気がいると思います。しかし、もしも先の例のように内容の濃い人生を送りたいと思うのならば、人と違う行動を取っていくことが大切なのです。その勇気を手に入れるのも、この本書の目的です。最後まで読み進めることでその勇気を手に入れられるので、安心してください。

もちろん、こういったことはすぐに身につくものではありません。思考的なものなので、やはりそれが浸透するには時間がかかります。

大切なのは、何度も何度も本書で学んだことを思い出して、実践すること。そうすることで徐々に上位4％の思考を手に入れることができるのです。

Days 9

なぜ残業で身を粉にして働いても すぐにクビになるのか？

真面目な人が会社のために無理な残業にも文句を言わずに誠心誠意尽くしたにもかかわらず、会社都合でクビになって、人生が大きく狂ってしまうことがあります。業績が悪くなればリストラという選択肢がどうしても出てくるのは仕方がありませんが、会社は助かっても、クビになった人の人生たまったものではないですよね。

しかし、仮に自分がクビになっても悠々自適に不安なく生きていける方法があるとしたら、どうですか？

実は、その方法は〝ある能力〟があるかどうかなのですが、その能力を身につけられるのが会社員時代なのです。だからこの話を聞くと、リストラに怯えることなく堂々と仕事をして、しかも社長や上司からは最高評価をもらえるようになります。

会社員でも持っていると成長できる考え方

まず働いたらお給料がもらえます。営業をしていてそこで成果が上がっても上がらなくても、ちゃんと出勤して時間通り働けば、お給料がもらえます。

このお給料をもらうというのは、時間に対して対価が支払われているということです。時間や労力とお金を交換していること。ただ、その感覚で働き続けると、いざリストラされると路頭に迷うことになります。

では、どうすれば路頭に迷わなくて済むようになるのかというと、**成果に対してお給料をもらう考え方に変える**のです。

個人で独立して仕事をしている人なら、自分のところの商品が売れなければ当然、売上がないので、生活費すらなくなってしまいます。何時間働いても誰かが払ってくれるわけではありません。時間ではなく、成果が報酬として支払われるのです。

極論を言えば何かサービスを提供して、お客様がたった5分で満足するのであれば、お金を支払ってもらえるのです。ちゃんと成果を提供できればいいことになります。

この考え方を会社員時代から持っていると、すごく自分の能力が上がります。当然、結果を出して、成果で報酬を受け取ろうとする人のほうが売上を大きく上げることができます。会社からの評価も上がるし、リストラ対象にもなりにくい。仮に会社を辞めたとしても、知識や技術が身についているから、独立してもうまく行く可能性が高くなるのです。

さらに独立して成功を導く確率を、大幅にアップさせる働き方をお伝えしたいと思います。それは「テスト」と「勉強」です。

自分で独立をしたら、すべてを自分でしなければいけなくなります。商品開発も集客も事務や経理も、です。集客をするにしても広告費をかけないといけませんが、自分のお金で広告費を使って集客ができなかったらと思うと、とても怖くなると思います。

だからこそ、会社員時代からテストをしておくのです。会社員の頃に集客に携わって、例えばチラシのデザインやどんなメッセージが響くのかを色々試しておくのです。仮にそれで集客ができなくても、会社が広告費を請求してくることはありません。それどころかちゃんと時間分の仕事をしたということで、お給料を払ってくれます。

こんなにありがたい話はありません。お給料をもらいながらテストもできて、失敗しても請求されないなんて。これが自分でお店を開いていたら、すべての損失が自分に降り注いできますから、こういったテストを繰り返さずに独立するのは、本当に怖いです。

「うちの会社にずっといて！」と言われる人になろう

他にも、独立をしたら経理や商品開発など自分でしなければいけません。それを一から勉強しようとすればお金がかかります。マーケティングを学んだり、ホームページの作り方を学ぶ講座だってお金がかかります。

そういったものを会社員時代から、各担当者に色々と教えてもらうのです。社内の研修や勉強会に積極的に参加するのもいいですね。そうすればお金もかからないし、その道のプロからたくさん学ぶことができます。

会社の金を利用しろ、と言いたいのではありません。**起業思考を持って働くことで、どんどんと自分の能力は上がり、さらには会社にも貢献できるようになる**のです。

会社からの評価も高まり、リストラ対象になるどころか「給料をアップするから、この会社にずっといてくれ！」と逆にせがまれるようになります。だからこそ、いつだって飛び出せるだけの準備ができるようになりますし、逆に会社でもっと上を目指すのも選択肢に挙がります。

このような思考を持たずに働けば、待っているのは良くても定年退職前のリストラ宣告だけです。そこで右も左もわからない、何も技術がないとなったら破滅に向かうしかありません。そんな怖いことが起きないように、この思考を持つことを強く勧めます。

Days 10

なぜ日本の子どもたちは枠を打ち破ることができないのか？

自分の殻を破って、可能性を大きく広げていくためにはどうしたらいいのか。

そもそも**どうして多くの人が自分の殻を破れないのかというと、良質な情報が入ってこないから**です。

さらに、入ってくる情報には偏りもあります。どんな出来事にもいい面と悪い面がありますが、多くのメディアはどちらかに偏ることが多いのです。

これは「どちらが視聴率が上がるか」という視点で判断しているからです。その基準で情報公開をされることがメディアでは多いから、どうしても情報が偏ってしまうのです。

メディアの主な収入源は広告を流す企業からもらう広告費です。つまり、自分のところで広告を出してもらう必要があるのですが、企業側からすれば視聴率が低いメディアにわざわざ大金を出して広告を出そうとは思いません。

メディアは視聴率を上げることが使命です。メディアにとっての視聴率とは一般企業で言うところの売上みたいなものです。売上が上がらなければ、誰もその会社の株を購入したりして支援してくれなくなります。

だから、支援してもらうためにも必死に売上（=視聴率）を上げに行こうとしているのです。そもそもの基準がおかしいから公開される情報には偏りが出てしまうのですが、これはある意味では仕方がないことなのです。

あとは、自分のところで広告を出してくれている会社の悪口も、当然ですが言えません。

サプリメントの会社が自分のところで広告を出してくれているのに、番組で「サプリメントは効きません。むしろ、毒です」なんてことは、たとえ本当だったとしても、口が裂けても言えません。もちろん、ほとんどのサプリメントはちゃんと効果があると思いますが。

どうしても偏りが出てしまうということなのです。

本当に良質な情報は、インターネットを調べても出てきません。

世の中にはネット上に出ない情報がたくさんあります。メディアから入ってくる情報だけを信じていると、本当の日本を取り巻く情勢や世界なんて見えてこないのです。

良質な情報をたくさん手に入れることが大切なのですが、ここで疑問が生まれてきます。「じゃあ、どうやったらその良質な情報を手に入れることができるの?」という疑問です。

とはいえ、そういった情報も知るだけでは効果がありません。これだけでは殻を破って大きく成長することはできないのです。

成功できるのは、世の中のたった20%の人たちだけ

パレートの法則というものをご存知でしょうか？「どんなことでも大体80：20に分かれる」という自然の法則です。

成績がいい上位の人の割合は大体20%、どこかのお店に行ったときにお客様が歩く床面積は、そのお店の全フロア面積の大体20%などが代表的です。多少の誤差はありますが、世の中のことは大体80：20に分けられるのです。

本書で話しているような情報を知っている人も、例外なくこの法則にあてはまり、およそ人口の20%となります。

この法則から何が言えるのかというと、こういった情報を知っているにも関わらず、成功できない80%の人と成功を手にする20%の人に別れるのです。

そもそも成功の定義とは人それぞれなので、何をもってして成功と呼べばい

いのかは人によって違います。

成功とは「自由に生きることだ」という人もいるでしょうし、「家族を幸せにすることだ」「夢を実現することだ」という人もいると思います。

他にもたくさんあるとは思いますが、それらを達成するために共通して必要なものがあります。それはお金です。お金があれば自由にあちこちに行くこともできますし、家族とおいしい食事を食べたり旅行にも行けます。夢も実現しやすくなります。

もちろん、お金がすべてではないことは私も重々承知ですが、それにより心の安定やできることの範囲も広がることもまた事実です。だから今回のここでの成功は「収入」と仮定します。


自分の殻を破れない原因が良質な情報と言いましたが、もう1つの要素があります。それは「行動すること」です。

「なんだ、そんなこと」と思うかもしれませんが、それすらできていない人がほとんどです。

せっかくの自分の殻を破る情報をたくさん手に入れても、行動しなかったり、できなかったりで殻を破れずにいる人が、実に80％もいるということを知っておいてください。情報を手に入れても20％に入って成果を出したいと思うのなら、行動することを意識してください。

なぜ行動ができないのかというと、やはり不安や恐れを感じるからです。人はどうしても、自分の快適なゾーン（コンフォートゾーン）にないことをやりたがらないし、不安や恐怖を感じて行動にブレーキがかかってしまいます。

このブレーキを解除しない限り、どうしても行動に結びきません。例えば、車でもブレーキをかけたままアクセルを踏んでも、燃料の消耗は激しいし、ブレーキを踏みっぱなしだと、そもそもエンジンが壊れてしまいます。

だから、**まずはブレーキを解除することが先決なのです。そのときの解除の魔法の言葉が「どうすれば、うまくいくんだろう」**でした。

いつでもこの言葉を自分に問いかけて行動につなげていってください。この2つ、良質な情報と行動が今の枠を超えていく最大のポイントです。

ブレーキを解除するための効果的な方法とは？

ブレーキ解除をするために効果的な方法があります。

それは、すでに自分が進みたい道を進んで、ある程度の結果を残している人から学ぶことです。どういったやり方やルートを辿れば、結果を出すことができるのかを教えてもらうことができます。

これを独学でしたり気合い根性で進んでしまうと、まるで獣道をかき分けながら進むような感覚になります。時間がかかるだけならまだいいですが、かき分けながら進んだその先が崖ということもあります。

それよりも、すでに舗装された道を辿るほうが安全で早いのです。すでにその道を通った人に案内してもらうほうが安心で安全です。これもまた心のブレーキを解除する大きな要因となるので、しっかりと押さえておいてください。

夢を達成させたり、今の現実を変えていくためには、今この瞬間からこういった考え方を持とうとすることが大切です。

ポイントは「持つこと」ではなく「持とうとすること」です。

人はいきなり変われません。ただ、変わろうとしたその瞬間から、小さな変化の種ができ始めます。だから「持とうとする」その姿勢が大切なのです。

Days 11

なぜ学校では「生き方」を教えてくれないのか？

良質な情報を学校でも学べるのか？

結論から言うと、今の学校では残念ながらその機会はまだまだ少ないです。中には高校の特別講義や大学講義に足を運んで講演してくれるトップクラスの人もいますが、まだまだその講演回数も少ないのが現状なのです。

こういった話は成功者に共通している内容ですが、どちらかというと成功する人は少数なので、少数派の意見となります。そして、日本は多数派が正しいという概念を持っているので、どうしても少数派の話は浸透しにくいという事実もあります。積極的に伝えられる人を、受け入れる姿勢が整っていないことが多いのです。だから、学校では生き方とかを教えてくれないのではなくて、教えられないというほうが正しいかもしれません。

このように言うと、「道徳の時間でしっかりと生き方や在り方を教えています！」と言われそうですが、ここでの「生き方」はトップ４％に入るための生き方なので、そもそも４％に入っていない人は語ることすらできません。

その４％の人たちと常に時間を共にして、どれだけ伝授してもらっているかが大事なのです。

細胞レベルで共鳴し合う「ミラーニューロン」

特に、「どれだけ時間を共にしているか」はとても大事です。

なぜなら、細胞レベルで共鳴し合うからです。詳しく説明します。

人には細胞レベルで真似をし合う「ミラーニューロン」というものが組み込まれているのです。これはイタリア・パルマ大学の科学者ジャコモ・リッツォラッティ氏が発見しました。

犬を飼っていると、よく「顔が似ているね」と言われたりすると思います。夫婦でも、時間とともに似た者同士になってくるのが世の常です。これらは気のせいなどではなく、**細胞レベルで真似をし合っている結果です。それを科学的に証明したのがミラーニューロンなのです。**

良質な情報を聞くときにも、ちょっと情報をかじる程度ではダメです。できる限りそういった情報に多く触れたり、そういった人たちと関わる時間を増やすことで影響されやすくなるのです。

中には、「そんな人すら、周りにいないよ」という人もいると思いますが、安心してください。

実は、このミラーニューロンは、直接でなくても本や音声から充分に影響を受けることができます。もちろん直接合うのが一番効果的ですが、それが無理ならまずは本や音声から取り組んでいってください。

ただし、一度だけでなく何度も何度も繰り返し読んだり聴いたりしてください。脳は忘れやすいので、1回読んだり聴いただけではすぐに忘れて効果がありません。そうではなく、二度三度と繰り返し聞いてください。

私は最低でも5回以上は繰り返してきました。その上で、さらにトップ4%の人に直接お会いしてどんどんその影響を受けてきました。

学校環境でそう言ったことが聞けないならば、そこであきらめずに、本書を読み込んだり音声ＣＤを購入するなどして、自分でできることから始めてみてください。

創意工夫する人たちが、夢を叶えたり自分の人生を切り開いて行く力を身につけることができます。そのときの合言葉はいつでも「どうやったらうまく行くのか?」です。

Days 12

なぜ先生は自己チューで無気力になっているのか?

少し刺激的な話をしましょう。もしかすると、学校の先生を敵に回してしまうかもしれないような内容です。しかし、1つの事実として知っておかなければいけないので、ありのまま事実を伝えて行きます。

多くの良質な情報を手に入れることで、自分でたくさんの判断ができるようになったり、やりたいことを見つけられるようになったりするということは、お伝えしてきました。

ただ学校——特に国公立の学校は、日本の教育方針を正しく反映しているので、その枠外のことを積極的に教える姿勢にはまだなっていません。文部科学省も試行錯誤をしていますが、なかなか進んでいないのが現状です。

さらに、日本は過去に鎖国をしていたこともあって、どうしても考え方が閉鎖的になりがちで、新しいものを積極的に受け入れにくい性質を持っています。そう言ったことも合わさって、なかなか施策が進んでいないという現状があります。

また学校の組織は年功序列制度が抜けきれていないので、上司に意見を通しにくい環境です。上司たちは今までの日本教育を受けてきた人たちなので、枠組みを超えたアイデアというのが出にくくなっています。

だからなかなかうまくいかないし、施策をやっても、結局は今やっていることとほとんど似たような内容になってしまうのです。

最近では、英語教育でも外国人教師を常駐させるようになりました。しかし、何も変わっていません。相変わらず、正確に文法を読み解き、一言一句間違えずに正しい型にはめて英文を作成するという勉強方法をしているからです。

ちなみにこの勉強方法は、250年も前の学習方法です。今はなくなったラテン語を習得するときに編み出された方法です。それを今でも日本は続けているのです。

あなたは何のために英語を学びますか？

ちょっと考えてみてください。私たちはなぜ英語を学ぶのでしょうか？

当然ですが、話せるようになるためです。なのにガチガチの型にはめ込んで、少しでも間違えたら×をつけられる勉強方法ではおかしいと思いませんか？

その証拠に戦後から力を入れ出した日本の英語教育も、70年くらい経っていますが、その中でいったい何人の人が英語を話したり聞いたりできるようになっているでしょうか？

はっきり言ってほとんどの人が話せていません。このような効果のない勉強方法をいつまで続けるのか、私はつくづく不思議に思っています。


私の知り合いが海外留学したときの話ですが、英語を話せるようになろうとして英単語帳を持って行ったそうです。すると、現地で合流した各国のまだ英語を話せない同級生からバカにされたそうです。

「なんでそんなもの（単語帳）使ってるの？　そんなので話せるわけないじゃ

ん！　ＨＡＨＡＨＡ！」という感じでバカにされたそうです。

彼は腹が立って、同級生の誰よりも一生懸命英語の勉強をしたそうです。何度も何度も、単語帳や英文法を繰り返しました。しかも、同級生は全然英語の勉強をしないから「絶対負けるわけがない！」と思いました。１ヶ月経ったとき、自分はまったく話せていないのに、同級生はペラペラになっていたそうです。彼は「今までの努力はなんだったんだ！」と悔し涙が出たそうです。さらには、向こうがこちらのことをバカにしているような会話をしていても、それすら聞き取れなくてさらに悔しかったと言っていました。

このようなことが起こるのは、そもそも日本の英語に対する捉え方が根本から違うからです。

英語というのは言葉です。そして、言葉は相手とのコミュニケーションのためにあるのです。実は、日本の英語教育はここがズレてるのです。

本当はコミュニケーションのために身につける英語なのに、点数を取るためだけの英語をやっています。これでは本末転倒です。そんなことをしているから身につかないのです。

私たちが日本語を覚えるときに、国語辞典を片手にまずは単語を覚えて、色々な文法を覚えて日本語が話せるようになったのでしょうか？　そんなことをしなくても話せているし、知らない単語も会話の中でどんどん覚えたはずです。言葉はコミュニケーションの中でしか身につかないのです。日本の英語教育は、「話せる」から「点数が取れる」とそもそもの目的がズレているので、やり方もズレてしまっています。だから中学校から6年間学んでも、喋れるようにならないのです。

それだけではありません。日本が英語に苦戦をしてグローバル化が進まなくても、世界はどんどん状況が変わっていっています。

今の世界三大言語をご存知でしょうか？　英語、中国語、スペイン語です。話す人口が多い順番は1位が中国語、2位はスペイン語です。英語は今や第3位となっています。英語が主流な国としてパッと思いつくのはアメリカとイギリスですが、実はニューヨークの40％はスペイン語が公用語になっています。

スペイン語というとスペインのイメージが強いですが、南米アメリカのほとんどはスペイン語です。アメリカは今まで移民政策をとってきたので、スペイン語圏の人がどんどんとアメリカに入ってきました。だからアメリカでもどんどんスペイン語が広がっているのです。

結果、英語を抜いてスペイン語が世界第2位の言語となりました。こういった事実もほとんどの日本人は知りません。

だから、日本は世界から置いてきぼりを食らってしまうのです。さらに、英語もマスターできていないのにスペイン語まで！　根本から言語学習について考え直さないといけないのです。

〝ガラ教〟な先生に影響されないで！

本当は、こういうことを現場の学校の先生が声をあげないといけないと思いますが、その肝心な先生たちはこういった情報を知らないし、知ろうとしません。

もちろん、中にはすごく意識の高い尊敬できる先生もいますが、まだまだ少ないのが現状です。

教育業界というのは閉鎖的だから外からの情報がほとんど入ってきません。

それ以外の業種って相互関係があったり、そもそもライバルが強豪すぎて常に切磋琢磨しなければ生き残れませんが、もちろん教育業界もライバルはいるのですが、他の業界と比べたら競い合いというのが緩いのです。

私はマーケティング技術を年間200社以上にアドバイスしていますが、本当に他の業界から比べると教育業界はすべてが遅れています。ガラケーならぬ〝ガラ教〟です。

しかも国公立の学校の先生は公務員で、今は教師不足ということもあって、余計に生存本能をむき出しにしなくてもよくなっています。学校の先生には申し訳ないですが、「自分に与えられた仕事はするけど、それ以上のことはしません」という、無気力に仕事をそつなくこなすだけの人が多いのです。

はっきり言って他業種に行ったら即クビになってしまうような人が、この業界には多いのです。

そんな先生の影響を受けると、残念ながらミラーニューロンで似てくるので気をつけてもらいたいのです。「自分は大丈夫！」と思っていても、意識レベルでどうこうできるものではなく細胞レベルでの話なので、嫌でも似てきます。

具体的な対策法としては、そういった先生には根本的に近づかないか、近くにいても耳を塞ぐなどしてください。本当に子どもたちに一番近く、一番一緒にいる時間が長いので、影響がすごく強いのです。

まだまだ少数しかいない、本当に尊敬できる素晴らしい先生を増やすことにもっと政府も力を入れてもらいたいと思います。

1つの学校に一人か二人はそういった本当に素晴らしい先生がいらっしゃるので、学校にいる間はその先生のそばにずっとくっついておくのもいいかもしれません。そういう先生が学校にいたらしっかりと信頼関係を築いて、一生ものの縁と思って大事にしておいてください。

1	2	3	4	5	6
7	8	9	10	11	12
13	**14**	**15**	**16**	**17**	18
19	20	21	22	23	24
25	26	27	28	29	30

3rd Week（13日目～17日目の授業）

今日から始める正しいビジネスの組み立て方
――夢や目標を軌道に乗せるマーケティング――

Days 13

起業するときに知っておくべき大切なこと

3週目からは、マーケティングについても話をして行きます。

どうすれば人生の勝ち組に入ることができるのか。それを可能にする大きな武器が、マーケティング知識です。

何かの芸を磨いたり、自分で独立起業したり、もっと学問を極めたり。人それぞれ夢や目標は違うと思いますが、どの道を選択してもうまく軌道に乗せるために活用できるのが、マーケティングという知識です。

この知識を手に入れることによって、自分という存在をうまく相手に伝えて信頼を勝ち得ることができたり、自分が作った商品をヒット商品にまで押し上げることもできます。

独立せずに会社員であっても、一緒に入社した同期と違い、ありえないスピードで出世したり、トップセールスマンになることもできます。

自分の時間をちゃんと確保して自由に生きたいと思う人にも使える知識、それがマーケティングなのです。

ただ、このマーケティングはビジネス出身のスキルなので、今回からは少し仕事や起業側に寄った話になります。自分で将来何かのビジネスをしたいと思っているのならここからさらに内容が面白くなって行くので、楽しみに読み進めてください。

もちろん、すでに働いている人でも、今のビジネスでさらに結果を出せるような内容を、これから紹介してくのでしっかりと読んでもらいたいと思います。

実際に私は過去に出版をし、アマゾンのマーケティング部門、ビジネス・経済部門でランキング1位を獲得。さらに200名以上の経営者を束ねるビジネスオーナーにアドバイスをしたり、クライアントにメディア出演者や著者を多く抱え、北海道をはじめ、全国各地の多数のクライアントにマーケティングを指導しています。

ここからは、「セールスなし・たった1ヶ月半で420万円以上を生み出した手法」や「売上を半自動化させてしまうノウハウ」までを含めて、その全貌を公開して行きます。

難しい言葉がたくさん出てきて不安になるかもしれませんが、大丈夫です。

難しい言葉は、その言葉を覚えることが本質ではありません。正しいビジネスの組み立て方を知って、それを行動に移すことが本質なのです。それを実行するだけで結果が出ます。

起業するときに最も大事なのは「お金をかけないこと」

では、さっそく起業の方法から話をしていきます。

まずは開業するにあたっては「起業思考」というものがあります。これは、最初からお金をかけないということなのです。

開業するときには、例えばお店を借りる、商品の開発代金、備品を揃えたり人を雇ったり……と色々な準備資金がかかるので、たくさん資金がいると思われがちです。

しかし逆に、**ビジネスの起ち上げ時期はいかに準備資金を減らすかが大切**なのです。もちろんビジネス規模により違いますが、ここでは個人で自営業を営んでいくステージを前提に話を進めたいと思います。

基本的には今言ったような準備資金で不要なものは、すべて対象から削除していきます。お店も借りません。商品開発代もいりません。人も雇いません。どのビジネスをやるのか、その規模にもよりますが、飲食店経営などはまずお店はいりません。それはまた後々説明をします。

開業の仕方には大きく分けて2種類あります。

それは「個人的に開業する方法」と「法人的に開業する方法」です。そして、何でもいきなり大きく取り掛かるのは危ないです。だからまずは個人事業主として小さく開業することをおすすめします。

そうすれば資金はほとんどかかりません。必要なのは「開業届け」に印鑑を押して税務署に提出するだけ。受付に行って書き方を聞けばすぐに教えてくれるので、10分もあれば開業届け提出が完了します。これで晴れて個人事業主として独立開業の第一歩を踏めるのです。

あまりにもシンプルで、「なんだ、もっと色々手続きがあったり、大変なのかと」と思うかもしれませんが、これが〝実行しないとわからない〟という考え方につながります。

多くの人はまだ起こってもないことに不安を感じて怯えて、今やるべきことをやろうとしなかったり、恐怖を感じて行動ができないという話をしました。ですが、うまく行く人は経験してしまえば大したことがないとわかるのをよく知っているので、不安を感じても行動してみるのです。

独立開業の手続きも同じです。やってみるまでは大変だと思っていたとしても、いざやってみれば大したことはありません。

開業届を出すようなちょっとしたことでも、したことがない人からすればこの数分間で成長したことになります。こういった思考を身につけると、いざ自分でやろうするときに難なくできるようになっています。

今までとても大きなことで大変だと感じていたかもしれませんが、本当に大したことではないと知り、些細な基礎の反復を繰り返すことで大きな成長へとつながるのです。

そしてその連続で、あっという間に上の世界へ行けてしまう。なぜなら、多くの人は行動せずにそこに留まり続けるからです。

常に回せる現金を確保することが鉄則

先を続けましょう。

お店を構えるかどうかですが、どんなビジネスでも基本的に最初はお店を構えないほうがいいです。お店を借りると最初に「敷金」といって、大家さんから物件を借りるために担保として預ける保証金を先に支払わなくてはいけません。さらに「礼金」というのもあります。これは大家さんに渡すお礼金です。一人暮らしをした経験があれば、わかると思います。ビジネスでも同じなのです。

両方の費用がかかるところと、片方だけというところと色々なパターンはありますが、基本的にはこの2つに加えて「不動産への仲介手数料」、いわゆる紹介してくれたお礼金と、初月の家賃が初期費用として必要となってきます。しかも家賃は基本的に前払いです。だから来月も借りたいのなら当月中に払わなければいけません。家賃は2ヶ月分必要だと考えていいでしょう。

仮にお店の家賃が10万円だとしたら、この初月の家賃に敷金・礼金を合わせて40万円くらいとして、不動産への仲介手数料が10万円とします。来月も借りるとさらに10万円がかかるので、合計60万円がいきなり必要になることになります。

そこでビジネスを始めて全然お客様が来なかったらどうなると思いますか？想像するとかなり怖いですよね。だから最初から大きな金額をかけてはいけないのです。

多くの人は集客できるかどうかもわからないのに最初から借金を背負って、根拠なく希望的観測でビジネスを始めるので、最終的に資金がなくなって倒産するケースがあとを絶ちません。

起業したての頃に意識しないといけないのは、どれだけ現金が手元に残っているかです。貯金すればいいと言うことではなく、「支払いよりも収入のほうが大きい状態で、常に現金を回せる状態にしておくこと」が大切です。

そのためにも**最初から資金を投資したり、借金を抱えるのはできるだけしないのが鉄則**なのです。

お店を構える店舗系だとしても、最初からお店を構えるのではなくて、最初は安い移動式の車でもいいでしょう。そこである程度、近所の人に知られてきたり、有名になってきてお客様が増えてきてからお店を持てばいいのです。

売上から出た利益を使って費用に充てる。これが起業手続きの方法から、リスクを最小限にしたビジネススタートの秘策となります。

Days 14

ライバルに負けないためのビジネスモデル6ステップ

次に、ビジネスモデルの作り方について解説をします。

何もモデルを作らずにビジネスをスタートさせる人がいますが、必ずあとでうまくいかない部分が出てきます。

プラモデルでも必ず説明書がついています。それを見ながら作ると綺麗にプラモデルは仕上がりますが、見ずにやると「このパーツってどこの部品なんだろう?」なんてことになりかねません。プラモデルだと落ち込むくらいで済むかもしれませんが、ビジネスとなればそのミスは致命傷。迷走した挙句、最初にやりたかったこととはかけ離れていたり、売上を作れず倒産してしまう可能性もあります。

そうならないためにも、「設計図」とそれぞれを構成するパーツにあたる「素材」が大事になってきます。

ここで注意しないといけないのは、最初から完璧な設計図は作れないということです。プラモデルと違い、ビジネスはやり始めてから気づく点や、改善点がたくさん出てきます。

ビジネスでは完璧な設計図は、そもそも作れないのです。現時点でベストな設計図を作った上で、実践の中で完成度を高めていく流れになります。

パーツの存在も大事です。プラモデルの設計図があっても、パーツをなくしたり破損させたり変形させたりしたら完成しません。だからパーツとなる素材もすごく大事になります。

順に詳しく解説していきましょう。

ビジネスにおける6つの設計図とは？

ビジネスにおける設計図とは、ビジネス全体の流れと取り組む順番のことで

す。これにはある程度の順番があり、

・ステップ1：市場《しじょう》
・ステップ2：認知
・ステップ3：集客
・ステップ4：商品設計
・ステップ5：信頼構築
・ステップ6：販売

となっています。少し難しい言葉もあるかもしれませんが、今から1つずつ説明をしていくので安心してください。

ステップ1：市場

自分がやろうと思っているビジネスで、ライバルとかがいる場所のことを市《し》場《じょう》と言います。まずこの市場を調査しないといけません。**調べるのは「市場の**

規模」と「ライバルの数」と「お客様の数」の3つです。

市場の規模は、この業界全体でどのくらいの売上規模があるかを調べます。

例えば、自分が入ろうとしている市場が全体で年間1000万円だけだったとしたら、どう考えても自分が年間で1000万円以上を稼ぎ出すのは不可能です。市場に参加しているのはあなただけではありません。複数で1000万円の市場を分配することになるわけですから、当然です。

市場規模が大きいほうが売上をたくさん上げることができるので、この調査は大事になってきます。

また、ライバル会社がいくら稼いでいるのかも重要です。よく稼いでいるライバルが年間500万円程度ならば、自分ががんばってもその辺りが限界値と考えるのが妥当だからです。


次に、ライバルの数です。ライバルの数が多すぎると、そこで勝ち残っていくのは難しくなります。ただ、逆にライバルが少ないというのもビジネスは成立しにくくなります。

一見すると、ライバルが少ないと自分が一人勝ちできそうな感じがするかもしれませんが、ライバルがいないとビジネスが難しくなるというのには、それなりに理由があるのです。

そもそもライバルが少ないということは、その市場や商品を求めているお客様の数が少ないということになります。つまり、そもそもの需要がない。だから売っても売れない（売れにくい）。ライバルが少なすぎる＝必要がない＝ビジネスとして成立しない、という可能性があるのです。

そして、これと連動してお客様の数も大事になってきます。

自分の商品を買ってくれるお客様が少ないと、ビジネスとして継続していくのは難しくなるため、お客様の数というのも欠かせない要素となります。

この3つを調べ、市場として成立していればそこに参入することは可能ですが、ライバルがいないような状態だったら、その市場に入ることはおすすめしません。

ステップ2：認知

認知とは、お客様に自分や自分の商品の存在を知ってもらうことです。

存在を知らなかったら、お客様は商品の買いようがありません。知ってもらうことはとても大事なのです。

ただ、**認知にはもう1つ大きな役割があります。それが「権威性を相手に感じてもらうこと」**です。権威性とは、「この人すごい！」と思ってもらったり、「先生」と呼ばれるような立場を手にすることです。

例えば、あなたが風邪をひいてすごく体調が悪いときに、道端で出会った知らない人から薬をもらったら、それを飲みますか？　まず飲まないですよね。なぜなら信頼ができないからです。

でももしも、その人がこう言ったらどうでしょう？

「僕は医者なんだけど、見たところすごく具合が悪そうだね。薬を処方するから今すぐ飲んでみて。そしたら気分も良くなるから」

もちろん、本物の医者という設定ですよ（笑）。素直に処方してもらうと思います。

この2人の違いは「権威性があるかどうか」です。

人間は基本的に権威のある人を信用する傾向にあります。自分が欲しい商品があっても、誰かもわからない人から積極的には買わないと思います。それよりも知り合いや自分が尊敬する人から買います。信用があるからです。

信用を獲得するためにも権威が必要になってきます。ですから、**「知ってもらうこと」と「権威性や専門性を感じてもらうこと」の2つの要素が、認知の役割**となります。この2つの役割をしっかりと押さえて認知を高めると、集客がとてもしやすくなります。

ステップ3：集客

マーケティングを知っていくと、たくさんの集客方法を目にします。現在の流行は、facebookやLINEでの集客です。

しかし、流行りに飛びついてばかりいると本当の集客力は身につきません。ファッションと同様、集客にも時代の流れとともに流行り廃りがあるので、小手先のテクニックに惑わされていたら、終わりのないノウハウ勉強に時間とお金を投資する羽目になるからです。

むしろ、**集客の本質がわかるようになると、小手先のテクニックに振り回されず、いつの時代でも通じる集客力を身につけることができます。**繰り返し力を磨いていけるので、小手先のテクニックを常に追っているライバルとどんどん差をつけることができるようになるのです。

ステップ4：商品設計

集客の次に商品設計がステップとしてあることに、もしかすると「あれ？」と思ったかもしれません。だとすると、あなたは鋭いです。

通常は、商品開発をしてからそれを世に広めたり、集客するのが常識だからです。

しかし、ビジネスを始めるときにはこの順番は逆になります。集客をしてから商品を作るという流れになります。これが世の中に出回っている、あらゆるマーケティング情報と違う点になります。

どうして集客してから商品を作るのか？　理由は簡単。「商品を先に作って売れなかったら赤字になるから」です。そのリスクを減らすためにも、商品設計は集客のあとになります。

もちろん、売れる商品の作り方もありますが、それについては後述します。

ステップ5：信頼構築

最初に信頼を築いて、集客もでき、売れる商品が作れたとしても、いざ販売する段階で信頼されていなければ、やはり商品は売れません。

集客をしたらいきなり売り込みをせずに、相手が感じる10倍の価値を提供して信頼を獲得してください。そうすることで、次の販売がしやすくなります。

ただし、注意点があります。それは自分が感じる価値ではないということです。あくまでも「相手が解決したい悩み」や「達成したい願望」にマッチングするものを提供するのです。これは別に原価がかかる商品でなくても、何かのサービスでも大丈夫です。

例えば、飛行機のファーストクラスでは乗客の名前を呼ぶサービスがあります。その他大勢の乗客とは別だという線引きが、名前を呼ぶことでできるのです。

相手が何を求めているのかをしっかりと見極めて、それに合った価値を10倍で提供してください。そうすることで、信頼を構築することができます。

ステップ6：販売

最後のステップ「販売」は、ここまでのステップがしっかりとできていると奇跡が起きます。

わざわざこちらから売り込まなくても相手から「ぜひ売ってください」と言われるようになるのです。つまり、販売する必要すらなくなってしまうのです。

もちろん、ただ黙っていても「ぜひ売ってください」とはならないので、そう言ってもらえるようにしっかりと相手の興味を引く必要があります。

その興味はどのようにすれば引けるのかというと、相手の興味・関心事から会話を始めることです。

売り込みをするとき、ほとんどの人は自分の商品や開発の想いを話し始めますが、お客様からすればこれは迷惑でしかありません。基本的に人は、自分自身への関心が最も高い生き物です。相手の話など聞きたくないのです。

むしろ話を聞いて欲しいと思っています。**だから相手の話を聞き、相手が持っている悩みや、叶えたい願望から会話をスタートさせるのです。そうするこ**

とで、相手の興味・関心事から入ることができるので、自然な会話になります。

そして最後に、あなたの商品・サービスがその悩みを解決したり願望を叶えることができることを伝えれば、自然と相手も「ぜひ売ってください」と言ってくるようになるのです。

ここまで話したこの流れの設計のもと、各ステップでの素材をしっかりと集めることで、ライバルに負けることのない屈強なビジネスモデルが完成します。

Days 15

ビジネスは最小リスクでスタートしなさい

6ステップのステップ4「商品設計」について、もう少し詳しく説明をしたいと思います。

そもそも商品を作ってから集客をするはずなのに、なぜ順番を逆にしているのか。その理由は2つありますが、どちらも最小限のリスクでビジネスをスタートさせるための方法だからです。

最小限のリスクでビジネスをスタートさせる2つの方法

1つ目の理由は、もし仮に最初に商品を作ったとしてもそれが売れなかったら、その商品を作るときにかかった費用も時間もムダになってしまうからです。

一生懸命貯金したお金を商品開発に使って、あれこれ試行錯誤を繰り返してたくさんの時間も使った挙句に1個も売れませんでしたとなってしまったら、何のためにがんばったのかわかりません。

商品を作ってから集客という流れでやっている人は、最終的にお金がなくなったり、売れ残った大量の在庫を抱えて倒産しています。さらに、こういったビジネスの始め方をする人のほとんどが、最初にお金を借金してスタートさせるので、倒産したときのマイナスはより大きなものになってしまいます。

必ず自分の商品に興味がある人を集めてから商品の開発に入るようにしてください。ビジネスをうまく展開させている会社は、このリスクを最小限にしてスタートさせているところがとても多いのです。

例えば、健康補助食品のサプリメントを通販で販売している会社でも、先行受付などを行って先に注文をもらうことは珍しくありません。

実際に注文が入ったら「ご注文が殺到しているため、発送からご到着まで約2週間のお時間がかかりますが、ご了承くださいませ。」などのメッセージが届いたりしますが、実は、今からダッシュで作るための猶予期間を作っている裏事情があるのです。

これなら売れた分だけ作ればいいですし、売れなかった場合は作らなくて済みます。これが「商品を先に作らないほうがいいと」いうことなのです。


2つ目の理由は、そもそもお客様が欲しい商品が何かわからないのに、作っても意味がないからです。

先に商品を作る人にありがちなのですが、商品への想い入れや情熱が強すぎて見込み客が求めている現実が見えなくなってしまっているのです。あるいは「この商品は世の中にまだ出回っていないから」とか「日本初」という視点で商品を作ってしまったり仕入れをしてしまいますが、これもまた見込み客の現実が見えていない可能性があります。


日本にまだない商品は、確かに売れる可能性を秘めていますが、その前に世

の中に知ってもらう必要があります。これを認知と言いますが、最初に世の中に知られることは非常に大変なのです。これについても後述します。

売れている商品には目を向けている現実がある

そもそも売れる商品は、ちゃんと見込み客の現実を見ているのです。

例えば、あなたが今、砂漠にいて、ものすごく喉が渇いているとします。そんなときにグビグビと飲みたくなるものって何でしょう?

私の場合だったらコーラが好きなので、喉が乾いているとコーラを飲みたくなります。

では、もしもそこに、おしるこが販売されていたら?

そのおしるこは、すごく高級な小豆と餅で作った高級品です。品質にもこだわって、作りたてのホヤホヤ。アツアツの湯気が立っています。でも、買わないですよね。

確かにおしるこはおいしいですが、喉が渇いている人はわざわざ買いません。コーラのほうが遥かに売れます。ちょっと極端な例かもしれませんが、実際のビジネスではこういったことをやっている人が、本当に多いのです。
「品質が」「限定で」と言っても、欲しがっていないお客様には関係ありません。

お客様が欲しいのは「自分が今悩んでいることを解決してくれる商品」や「夢や願望を叶えてくれる商品」です。「困り事を解決する」か「希望を叶える」が商売のゴールデンルール。ただそれだけ、なのです。

肥満気味でダイエットしたいと思っている人は、スポーツジムに通ったりダイエットサプリメントを飲んだり、もっと大事な食生活を見直したりします。そして、ダイエットをするためには何かの商品を購入しないとなかなか悩みが解決できないから、お金を払ってそれを解決しようとするのです。

願望も同じです。

「もっと美しくなりたい」と思えばエステに通ったりします。なかなか自分で美肌にするというのは難しいと思うので、エステで専門家に施術してもらったり、あるいは美白パックなどを使って肌のケアをします。そのためにお金を払っているのです。

面白いのは、その悩みを解決したり願望を達成できるのであれば、商品は何でもいい、ということです。少し極端かもしれませんが（笑）。

ダイエットなら、スポーツジムに通ったりサプリメントを飲むという方法もありますし、美しくなりたいならエステやこれまたサプリメントもあります。

しかし、販売者側は商品にこだわりを持ったり想い入れがあったりするので、商品目線にどうしてもなりがちです。しかし、お客様の現実をしっかり見ないと売れない可能性が大きくなる危険性が高くなってしまいます。

もちろん、いい加減な商品を扱ってもいいということではありません。商品の品質を高めたり、こだわりを持つことは大事です。ただ、あまりにも商品目線になってしまい、お客様の現実を見失ってしまうとダメということです。

お客様が欲しいものはお客様に聞けばいい

では、どうすれば売れる商品ができるのか？

これもシンプルです。それはお客様に聞けばいいのです。「今の悩みは何ですか？」と聞いて、それを解決する方法や商品を提案する。それだけで商品は売れてしまいます。

ただ、いきなり「あなたの悩みは何ですか？」と聞いたところで答えてはくれませんので、集まってくれたお客様に対してアンケートを取りましょう。

アンケート項目は次のようなものです。

・問い合わせをしてくれた理由
・商品に期待すること
・その商品を使ってどのような悩みを解決したいか

そのように順番に聞いて、お客様が悩んでいることや叶えたい願望を把握すれば、あとはそこに商品をあてがうだけで売れるようになります。

ただ、ポイントが2つあります。

1つ目は、**できれば直接会うなどして、話をしながら悩みを聞くこと**です。

アンケート用紙を渡したり送って返事をもらうだけではお客様の優先順位が低く、返ってこなかったり、まともな返事をもらえない可能性が高いです。直接会って話をすることで、正確な悩みや悩みの深い部分まで聞くことができます。

そして2つ目が、**アンケートに協力してもらえる人に、特別なプレゼントを用意すること**です。インセンティブを先に示すことでモチベーションが上がり、回答してくれる人も増えます。

プレゼントの内容も重要です。

こちら側がいいと思うものを用意するのではなく、相手が求めるものを用意するように心がけてください。

絶対に参考にしてはいけない、アンケートの注意点

ただ、アンケートを取る場合に、絶対に参考にしてはいけないアンケート結果があります。それは冷やかし客の意見です。

冷やかし客にはその商品を買う文化がありません。だから、商品を買う人や買った人の気持ちというのは現実的にはわからないのです。

わかりやすい例だと、たまにボトルキャップを趣味で集めている人がいますが、そこには、その人たちにしかわからない価値があります。その文化がない

人がいくら冷静に客観的に判断したところで、予測の範囲を出ることができないのです。

冷やかし客は予測で話をします。当然ながら、商品を買う見込み客との現実のズレが生じてしまいますので、絶対に参考にしてはいけないのです。

「見込み客と冷やかし客の違いなんてどう見分けるの？」と思うかもしれません。安心してください。これを見分けるための魔法の言葉があるのです。

それは、**「過去にこういった商品を買ったことがありますか？」**です。

買ったことがあれば見込み客確定となるので、しっかりとアンケートを実施して相手の話を聞き込みます。逆に、買ったことがないと答えた人は、ある程度で話を終わらせてしまって、次の人にアンケートを実施します。

こうして見込み客の現実を集め、一番の共通点となるところを商品化するとたくさん売れるようになります。これが商品設計に必要な情報を手に入れる方法です。

Days 16

ムダな努力をしないためのお客様の見分け方

では、「見込み客」と「冷やかし客」の違いはどんなものでしょう?
詳しく解説をしたいと思います。

上手に集客をするために必ず押さえておかないといけない概念があります。それは、「見込み客とは何か」ということです。見込み客の概念をちゃんと押さえておかなければ、絶対に買わない人に対して報われない努力をいつまでも続ける羽目になってしまいます。

結果、「がんばっているのに全然売れない」「たくさんサービスを無料で提供しているのに売れない」という地獄に陥ってしまうことになるのです。そうならないためにも、見込み客の概念を蔑《ないがし》ろにしてはいけません。

「見込み客」とは、お客様になる〝見込み〟があるお客様を指します。当たり前ですね(笑)。

そして、見込み客を知るためには、「お客様の定義」を押さえておく必要があります。このお客様の定義を、それぞれの状態別に解説をしていきます。

お客様を見分けるための4つの定義

お客様には段階があります。「1．まずは悩んでいるだけの人」は、お客様になる可能性が非常に低いので、こういった人たちのことを冷やかし客と本書では呼んでいます。

次は少し段階が上がって、「2．悩んでいる・問題解決の方法を探している人」です。こういった人たちは冷やかし客よりもお客様になる可能性が少しあるので、「見込み客かも？」というレベルになります。

そして次が、「3．過去にその悩みを解決するために、自社か他社で商品を購入したことがある人」です。これがもっとも自分のお客様になる可能性が高いので、「見込み客」と呼びます。

さらに、「4．自社で実際に商品を購入してくれた人」のことを「お客様」「顧客《こきゃく》」「既存客《きそんきゃく》」と呼んだりします。

さらに詳しく説明をしていきます。

1．冷やかし客

すでにビジネスをスタートさせている人でも勘違いしてしまっている人が多いのですが、冷やかし客にばかりにアプローチをかけてしまうとまったく売上につながらず、ビジネスが衰退してしまいます。なぜなら、冷やかし客は〝悩んでいるけど解決する気がない〟からです。

例えば、日本人の多くは肩こりに悩んでいます。マッサージに行く人も多いです。しかし、肩がこっていてもマッサージを受けないという人もたくさんいます。

こういった**冷やかし客にアプローチをかけて、マッサージを受けてもらおうとするのは至難の技**なのです。稀に受けてくれる人もいますが、アプローチからお客様になってくれるまでにかなりの時間を使います。

当然ですが、なかなかお客様になってくれない一人に時間を使っていたら、会社の売上は上がらず、倒産してしまいます。特に、ビジネス起ち上げ期はどれだけ現金を手元に残すかが大事なので、すぐにでも買ってくれる人のところへ行かないといけません。

冷やかし客が買わないのは、「買わない文化」を築き上げているからです。

肩こりに悩んでいるけどマッサージを受けない人は、これまでも色々な営業を受けたりチラシを渡されたりしてきています。それでもマッサージを受けようと思わなかったのです。

つまり、自分の中で「買わない」という文化を何十年も築き上げてきた人なのです。そんな人をたった数日や数週間で口説き落とすのはそもそも至難の技。ですから、こういった冷やかし客にアプローチをかけてはいけないのです。

冷やかし客でも親切にアプローチすれば、いつかは購入してもらえる――そんな気がするかもしれませんし、その気持ちもわかります。しかし、**何十年もかけて「買わない文化」を築き上げている“猛者《もさ》”に対して、その苦労が報われることはまずありません。**

多くの資金があって、ずっと売上が上がらなくても大丈夫というのならば、それもいいかもしれません。しかし、ほとんどの場合は、限られた資金の中で事業を拡大していくので、できれば早く売上を立てたいと思うものです。

冷やかし客に少ない可能性を抱くより、もっと購入確率の高いターゲットにアプローチするほうが賢明なのです。

2．見込みかも客

次に、悩みがあり、問題解決方法を探している〝見込み客かも？〟な人たち――本書では「見込みかも客」と呼びます。

例えば、あなたが1時間5000円のマッサージを展開しているとします。しかし、ターゲットが肩こり解決のために保険治療を使える整骨院に通っている人だったら、支払いは数百円で済んでしまいます。それでは5000円のマッサージを受ける可能性がまだまだ低いのです。解決するためにお金を支払う意思があっても、〝かも〟の領域を抜け出せていません。

冷やかし客よりは購入してくれる可能性が高いので、アプローチする価値はあります。ただ、優先順位としては低めです。

優先順位が低めとはいえ、見込みかも客にアプローチすれば、ターゲットの数は増やすことができます。ただその場合には、注意点があります。

それは、「敵を叩く」ということです。

1時間5000円のマッサージを見込みかも客に提供するとして、保険が適用され低額しか払う文化がない人をターゲットにする場合は、低額で受けられるサービスを叩く必要があります。

整骨院に通っていて改善せずに不満に思っている人に対し、「保険治療は確かに安く済みますが、施術内容やボリュームが少ないですよね。流れ作業みたいに処理されますよね。保険治療は単価が安いので多くの患者さんを診る必要があって、どうしても一人にかけられる時間が少なく、細かい部分まで行き届かないのです。短期間でしっかり改善したいのなら、実費治療でもじっくりと見てもらうほうが効果的なんですよ」という感じで、自分のところに引っ越してもらうのです。

多くの人は「敵を叩く」という作業をしないので、自分の商品の良さばかりを伝えてお客様から嫌がられます。しっかりと自分のサービスの価値を理解してもらうためにも敵は叩いてください。

ただし、敵を叩くときには注意点が2つあります。

1つ目は、**そのサービスを受けていて満足していない人をターゲットにすること**です。

サービスを受けて満足している人に説明しても何も響きません。それどころか、悪評を流されかねません。だから、ライバルのサービスを受けて成果が出ずに、不満を抱えている人のみをターゲットとしてください。

2つ目は、**ターゲットの行為そのものを否定してはいけない、ということ**です。ライバルを貶《けな》す気持ちがなく、いくらターゲットとなる見込み客さんのことを思って言ったとしても、その行動を否定することでお客様は自分が否定されたと感じます。これは「同一視」という心理が働いて、そのように感じてしまうのです。

そうではなく、そのサービスの内容を叩くのです。先程の例のように、「そのサービス内容では完治しませんよ。なぜならば……」と理由をつけてそれでは不十分なことを伝えるのです。そうすれば、現在のサービス内容に不満を抱いている人の中から、納得して自社の商品やサービスへと引っ越してきてくれるようになります。

3．見込み客

自社でも他社でも、過去に自分の扱う商品と同じか似たようなものを購入した経験があれば、また同じような商品を買う可能性が非常に高いです。

近所で1時間5000円のマッサージを受けている人は、旅行先でもやはりマッサージを受けたくなります。同じところでしか購入しないということはなく、見込み客はあちこちで同じような商品を購入したくなるのです。

つまり、「そのサービスや商品にお金を払う価値を感じている」ということです。

ビジネスを起ち上げていく段階では、見込み客を主に狙うと、ビジネスがうまく行きやすくなります。

この違いを知らずに単に悩んでいるだけでその相手にアプローチをすると、結果の出ない地獄を味わい続けることになるので、注意してください。

4．顧客

最後の顧客は、自分のところで商品を買ってくれた人のことを呼びます。

以上がお客様の段階で、これを理解した上でビジネス起ち上げ時期には特に見込み客だけにターゲットを絞って集客することが大事になります。そうすることで、アプローチした分だけ努力が報われ、自分が扱う商品やサービスが売れるようになります。

Days 17

自分がビジネスで戦う戦場を知ろう

これまでお話してきたビジネスや商品の設計方法、そして見込み客をちゃんと把握して実行したとしても、今回の市場を理解していなければ思ったように売上が上がりません。しかし、市場の概念を理解していれば、ただそれだけで売上を10倍にすることもできます。そこで、大事なポイントがあります。

それが「市場調査」です。ここでは、この市場調査について詳しく解説をしていきます。「市場＝自分がビジネスで戦う戦場」のことですが、これは商品によって決まるわけではありません。

掃除機を例にとって話をしていくと、掃除機はヤマダ電機やヨドバシカメラなどの家電量販店（＝実店舗）で販売されていますが、他にもジャパネットたかたやＡｍａｚｏｎなどの通販でも販売されています。「実店舗」と「ＥＣサイト」という2つの市場が存在するのです。

例えば、ジャパネットたかたはすごく有名で大きな会社ですが、実店舗を持っていません。これは、自分が戦う市場が通販だと理解しているからです。その市場で成功し、うまくいったことをやり続けているから、常に売上が上がっていくことになるのです。

一流の人が集中している「うまくいくことをやり続けること」

うまくいくことをやり続ける、というのは、実はとても大切なことです。

多くの人は、うまく行くと不思議と飽きてしまいます。ビジネスだけでなく、ゲームでも同じです。ある程度やりこんだら飽きてしまうのです。ロールプレイング・ゲームのラスボス前で放置してしまった経験のある人が、いるのではないでしょうか。

しかし、ゲームでもビジネスでも、達人はとことんまでやり続けています。

うまくいくことはとことんまでやり続け、うまくいかないことは辞めるのです。「達人」や「一流」と呼ばれる人たちは、うまくいくことだけに集中していると考えてください。

すると、得意な部分が研ぎ澄まされてさらに実力が身についていきます。誰も追いつけない状態になるので、常に勝ち続けることができるようになるのです。

これは勉強でも同じです。

勉強ができない子どもたちに限って、問題集Aをやっては途中で飽きて、「友達がこの問題集のほうがいいって言ってた！」と、問題集Bをやり始めてしまいます。そして、それに飽きてきたら問題集Cに手を出す……ということを何度も繰り返しています。

「飽きては途中でやめて」を繰り返していれば、いつまで経っても上達することはありません。同じ部分ばかりを繰り返すだけで、前に進むことができないからです。ずっと最初の同じ単元ばかりを繰り返しているので、その部分だけは得意になるかもしれませんが、足踏みをしているようなもので前に進んでいないのです。

そのため、どの教科でも後半の単元が苦手な子どもがとても多いのです。その原因は、そもそも苦手なのではなく、やり方に問題があることなのです。

話を「市場調査」に戻します。

市場は、商品で決まるのではなく、お客様のタイプによって決まります。

そして、その市場にいるお客様の心理や現実をよく理解できていればいるほど、自分がその市場で勝ち抜いていくことができます。そのためにはその市場で飽きずに戦い続けることが大切です。

ヤマダ電機に買いに行く人は「商品を手にとって見比べ、じっくり考えたい人」が基本的に対象となっていて、ジャパネットたかたは「電気屋さんに出向くことなく自宅から購入したい人」が対象になっています。

自宅から商品を購入したい人というのは、体が不自由だったりご高齢の方が多いから、使いやすい・見やすい・シンプルなどの特徴を活かした商品ラインナップになっているのです。

商品は同じでも市場は違っていて、その市場にいる見込み客のタイプや望んでいることをしっかりと把握して、それに合わせたメッセージを発信することがとても大切です。

とはいっても、その市場に見込み客があまりいなければ、そもそも売上が上がりません。だから、自分がどの市場に入って行くのかは、売上の上限に関係してくるのでとても重要です。

たまに「これはまだ世の中にないから」とか「日本初の！」みたいな市場に手を出す人がいますが、これはとても危険な行為です。

専門用語で「ブルーオーシャン」と言って、青くて穏やかな海という意味の言葉があります。ライバルがほとんどおらず、激戦区になっていない青い海。自分だけが一人勝ちできそうな市場のことですが、誰しもそれを見つけたいと思っています。

そのため、誰も扱っていない商品を扱えばそれがブルーオーシャンになると思ってしまう人がとても多いのですが、実はここにはとても危険な罠が潜んでいるのです。

市場を構成している3つの要素とは？

実は市場というのは、次の3つの要素で構成されています。

自社
×
他社の数
×
お客様の数

かけ算なのが、ポイントです。
もしも自社があって、ライバル会社もたくさんいても、お客様がまったくいなければ、商品は売れることはありません。「1×100×0＝0」で売上はゼロです。

他にも、自社がいてお客様がいても、ライバル数が少ないとこれも売上があまり上がりません。そもそも商品が売れないからライバルが少ないケースがほとんどなので、これもまた小さな市場になってしまうからです。「１×５×１００＝５００」となります。

そして、まだ世の中にないという商品を扱うと、それを購入するお客様もライバルもいないわけなので、そもそも市場として成立しにくくなります。「１×０×０＝０」ですね。そういったところに入ると破滅する危険性が非常に高いので、できれば避けたほうがいいのです。

もちろん、本当のブルーオーシャンということもあり得るので、絶対に避けるべきだというわけではありませんが、わざわざその危険性を背負う理由もありません。


市場が育っていないところを開拓するのがいかに難しいのか、事例をもとにお伝えしましょう。

１９８０年代後半に、テレビ電話が出てきました。しかし、広告にいくらお金をかけてもほとんど全国に普及せず、最終的に販売を中止した大企業がありました。通信事業の最大手、NTTです。

当時は、ライバル会社もやっておらず、当初は一人勝ちできると思っていました。しかし、ライバルが存在しないこと、お客様がほとんどいなかったことが原因で、結局売れませんでした。市場の定義を満たす要因が少なすぎたのです。

今でこそSkypeなどの画面通話ができるものが多く普及するようになりましたが、それはSkypeやZoomなどといったライバルが増えたからです。そしてライバル同士が協力しあって、その商品やサービスの認知を広げたから、今では普通に使われているのです。

このようにNTTのような大企業ですら単独で市場を作るのは難しいのです。私たちが**個人でビジネスをするときに、市場を生み出そうとするのは、まず不可能だと思ったほうが無難なのです。**

さらに、市場には「成長のタイミング」もあります。

私たち人間に、赤ちゃんのとき（導入期）、子ども時代（成長期）、大人（成熟期）、高齢（衰退期）という肉体の成長の流れがあるように、市場にも流れがあるのです。

そして、市場に入る一番いいタイミングが、これからスクスク育つ「成長期」です。放っておいても市場がグングン成長するので、結果が出やすくなるのです。ライバルの数も適度でお客様もいる状態なので、とてもいい状態なのです。

市場に参入するなら、このタイミングを狙いましょう。

ただし、注意点も知っておいてください。

成長期の市場に入り、自社のビジネスを大きく成長させても、１００％自分の実力ではない、ということです。正確には「実力が半分、環境が半分」です。

もしも、**成長期に参入し、結果の数字だけを見て慢心していると、成熟期以降に試される本当の実力が身につかなくなるので、結果的に倒産に追い込まれる**ことになります。

事実、そのように消えていった、いわゆる〝一発屋〟と呼ばれるような人はゴマンといます。

なぜ、成長期に市場参入するのが得策なのか？

もしかすると、ここで1つの疑問が生まれるかもしれません。
「導入期や成熟期に入るのはどうなの？」という疑問です。
もしもあなたにこの疑問が浮かんでいるとしたら、とてもいい兆候です。

ＮＴＴの例でもお伝えした通り、導入期はこれから市場を作って行く段階なので、大手企業ですら苦戦します。もちろん、不可能ではないのですが、お金と時間がかかります。大手でもない私たちが、わざわざそんな難しい状況に入っていって、ビジネスが起ち上らない状況で苦労する必要はありません。大手に任せて、それ以降のタイミングで参入したほうが得策です。

次に成熟期は、市場自体ができ上っているので参入しやすいですが、ライバルもたくさんいます。例えるなら、アイドルがブレイクしてからファンになるようなもので、ライブ会場へ行っても、古参のファンにおいしいところは占拠されてしまって、受け取れる旨味が少ない状況になっているようなものです。

もちろん、成熟期でも勝ち残る方法はありますが、それは次にお伝えします。

そして成長期ですが、やはりここで参入するのが理想です。アイドルで言えば「そろそろブレイクしそう」「勢いがついてきた」という頃合いです。

ここで参入する人は、押しなべて情報に敏感です。ほとんどの人は、成長期でも終わりの頃か、成熟期に入りかけているタイミングで市場に入ってくるのです。

もちろん**成長期から入れたら、その市場でのキャリアや知名度がそのあとに入ってくる人よりもあるので、かなり有利になります。**だから、この成長期の初期から参入することが一番おすすめなのは言うまでもありません。

ただ、成熟期からでも充分にライバルに差をつけて、自分のビジネス規模を大きくして行くことは可能です。そのときに必要な能力《スキル》があります。

それが、ここまでに話してきたような「マーケティングの知識」や「自分のパフォーマンス力を向上させるための心のセッティング」です。さらに、「行動すること」です。行動するためには、心のセッティングが大事です。

これら3つの要素がきちんと揃っていれば、成熟期からでも充分に勝ち残ることはできます。

1	2	3	4	5	6
7	8	9	10	11	12
13	14	15	16	17	**18**
19	**20**	**21**	**22**	23	24
25	26	27	28	29	30

4th Week（18日目～22日目の授業）

売上を順調に伸ばすために知っておくべき原理原則
――お金を稼いで生きる自由体験――

Days 18

反応率はたった3つの数字でチェックできる

第4週は、売上を順調に伸ばしていくために必要な取り組みについて、お伝えしていきます。この授業もいよいよ後半戦です。

売上を順調に上げていくためには、「販売スキル」も必要ですが、それだと感覚値での判断になって曖昧になってしまいます。

それよりは、数字で判断したほうが客観的に分析できるので、数字を見ていくことが大切になってきます。

どのような数字を見るのかというと、ここでよく言われるのが売上や広告費、経費などです。しかし、これでは「すでに出てしまった結果」に対してでしか判断することができません。

例えば、「今月の売上がいくらだった」というのは過去の結果です。これに対して、「こうしていたほうが良かった」とか「ああしたほうが良かった」と言ってもあとの祭りです。

会議で出た結論を次月に試していく、という考え方もあると思いますが、大手で資本金もたくさんあるのならそんな悠長なことを言っていられるかもしれませんが、個人で経営しているような会社で「来月、がんばりましょう」なんて言っていたら、すぐに倒産してしまいます。

結論の出てしまった〝死んだ数字〟をどうこう言うよりも、今、現場で動いている〝生きている数字〟を改善していくほうが大事なのです。

反応率をチェックするための3つのポイント

そこで、重要になってくるのが「反応率」です。

反応率とは、アクションに対してのお客様がどのくらい反応したかの割合のことです。何かのアクションをしたとき、それに対してお客様からどれくらいリアクションがあったかを常に見て、改善を加えていくのです。

反応率のチェックポイントは3つあります。

1.お客様からの問い合わせ率
2.問い合わせから面談に進んだ率
3.面談から成約に結びついた率

業種によって多少の違いはあるものの、お客様が最初からいきなり商品を買うということはほとんどなく、まずは広告やチラシ、ホームページを見て問い合わせをしてくることがほとんどです。

そこから実際に相談に乗ったり面談をしたりして、面談の上で納得をすれば、商品を購入してくるという流れになります。

この3つに区切った流れで反応率を見ることで、どこを改善すれば売上に最も大きな影響を与えることができるのかを見ることができます。

例えば、ある商品に対して100件の問い合わせがあったとします。

そこから面談への誘導率が30%で、さらに成約率が50%の場合、契約者数を計算式にすると、100件×0・3×0・5＝15件となります。

では、この3つの数字を見ず、ひたすら「問い合わせ」の改善をして150

件の問い合わせに増えたと考えてみましょう。他の条件は同じです（ちなみに、集客力が1・5倍になるのはかなりすごいです）。

計算式は150件×0・3×0・5＝22・5件となります。前のものと比べると、7件ほどの件数アップに過ぎません。「7件もアップしたんだからすごいじゃないか！」と思うかもしれませんが、問い合わせ件数を増やそうとすると広告費が余計にかかってきます。7件のアップと余計な広告費との釣り合いが取れていればいいですが、なかなかそれは難しいです。

仮に、数字を見た上で、最も反応率の低かった「面談」への誘導スキルを磨いたと考えてみましょう。問い合わせの数は変わらず、面談への誘導率が50％になったとしたらどうなるでしょうか？

100件×0・5×0・5＝25件

こうなります。何とビックリ、数字を見ずに問い合わせを150件に増やす努力をしたときよりも契約者数が増えてしまっています。もちろん、広告費は増やしていないので利益も増えている計算になります。強いて言うなら、かかった経費は誘導スキルを上げるための研修費くらいでしょうか。

今回は反応率の例で説明しましたが、このように数字を細かく見ていくことで、一番の問題点は浮き彫りにできるのです。

このような**一番の問題点のことを「ボトルネック」と呼びます。**もちろん、**やり方は他にもありますが、ボトルネックを絞って改善すると一気に売上を上げることが可能**です。

細かく言えば、まだまだ反応率のポイントを分けていくことができますが、今はこの3つの数字「問い合わせ」「面談」「成約率」を見るようにすることを覚えておいてください。

Days 19

TOYOTAに学ぶ売上を10倍にする方法

今回の話がわかるようになると、数あるライバルの中に自分が埋もれることがなくなり、しかもライバルの横を、お客様を連れて颯爽と涼しい顔で通り過ぎていくことができるようになります。

それくらい強力な話なので、ぜひ、しっかりと把握してください。

題して、「売上10倍計画」。この**売上を10倍（それどころか、本当は天井知らず）にする仕組みづくりに欠かせないのが、「お客様を集めるための集客商品」と「実際に利益を上げるための収益商品」、そして「そこから追加購入をしてもらうための商品」**です。

まずは「集客商品」ですが、これはそのままの意味で、お客様を集めるための商品のことです。

ただ、ここで多くの起業家がやってしまいがちなのが、集客の概念の認識違いです。

学習塾でもよくある集客の方法で「無料体験3回」とか「月謝が地域で一番安い！」など。英会話スクールの広告を電車でも見たことがありませんか？

これはどこの教室でもやっていることです。他にも、「定期テスト対策講座」や「自習室完備」というのもありますが、これもどこでもやっています。このようなライバルと同じような集客方法をしても、お客様には何が違うのか、区別がつかないのです。

さらに塾の例で言うと、「うちの塾は指導力のある教師陣が揃っていて……」や「独自の学力アップ・カリキュラムがあります」などの広告もあります。でもこれは、実際に体験入塾や本入塾をしないとわからないことです。チラシの段階で他社との差別を図ろうとしても、お客様からすれば違いがわからないのです。

何度も繰り返し伝えている「お客様が」という視点。何気ないようで、実はとても大事になってきます。

多くの集客商品や広告は、自分の会社の商品や品質をアピールしています。しかし、残念ながらお客様はそこに関心を持っていません。

お客様の関心があることはただ1つだけ。「自分の悩みを解決してくれたり、願望を叶えてくれるかどうか」ということです。

大昔の話ですが、睡眠学習が流行った時期がありました。私も学校の定期テスト前に（確か社会科だったと思います）一か八かで睡眠学習をしてみたことがあります。

そして朝起きたら、なんと……まったく覚えていない！

点数は27点くらいだったと思います。今となっては懐かしい思い出ですが、なぜ、そんなものが流行ったのかというと、「結果が出る」と多くの人が思ったからでした。

人は、できれば楽をして問題を解決したいと思う傾向にあります。睡眠学習はまさに寝ながら学習ができるわけですから、楽して結果を得たい人（私もその一人でした）に刺さったのです。

なぜ、TOYOTAはリーマンショックでもローダメージだったのか？

集客をするなら、自分が本当に売りたい商品はまったく出さず、お客様の現実に合わせた商品か、あるいはそういった表現で商品を販売するということが重要です。

これは集客商品の最も重要なポイントとなります。事例でもう少し詳しく解説しましょう。


1つ、質問をします。

「TOYOTAは、何を売っている会社でしょうか？」

車です、と答えた人が多いと思います。本当は、ＴＯＹＯＴＡは車で儲けているわけではありません。過去に世界規模で不景気をもたらした「リーマンショック」がありましたが、そのときでもＴＯＹＯＴＡは他の企業ほどダメージを受けませんでした。それは、「ある仕組み」を持っていたからです。

ＴＯＹＯＴＡは自動車会社でありながら、同時に、会社の利益のほとんどをローン金利で儲けているのです。

実際に、ＴＯＹＯＴＡの収益の80%を占めているのが、車を買うときのローンの金利なのです。

現在の自動車の性能と素材やエンジンの原価などを考えたら、１００～２００万円ほどの自動車は、実は安売り価格なのです。それほど利益が残らず、儲からないのです。

加えて、大きな販売店舗をあちこちに構え、建設費も毎月の家賃も人件費もかかっていますし、ＣＭも見ない日がないくらいに流れています。これだけの経費がかかるとすれば、自動車だけで会社を運営していくのは相当難しいです。

しかし、実際にはそれができている。なぜなら、自動車以外の部分で売上を上げているからなのです。それが自動車ローンの金利です。

自動車をローンで買うのは誰か？　いわゆる「お父さん・お母さん」です。今のミドル層以降の人たちは、自動車をローンで買うことが〝常識〟として育った世代ですから、集めるお客様というのも30代、40代のファミリー層が中心となっています。

テレビでCMを見ると、ほとんどが「かっこいいパパになる」「ファミリーで楽しくワゴンで」のようなものが多いです。これも、ファミリー層に響くような構成で作られています。つまり、ターゲットとして狙われているわけです。

つまり、TOYOTAにとっては、本当に売りたい収益商品＝ローンなのですが、それを一切見せることなく、最初の集客商品を「自動車」にしています。これがTOYOTAの集客戦略なのです。

さらに、ポイントとなるのは、「集客商品では、別に儲けなくてもいい」ということです。

集客商品は、あくまでもお客様を集客することが目的の商品。利益は「収益商品」でしっかりと取れる仕組みができていればいいのです。

たまに、この仕組みを知らない会社が表面だけを真似して、赤字覚悟の低額で商品を打ち出しているのを見かけます。もちろん、そのあとの「収益商品の仕組み」があればいいのですが、実際にはそういった仕組みがなくて、利益を出せずに倒産してしまうのがほとんどです。

これが集客商品と収益商品の違いと役割です。あとは「追加商品」も用意すると、さらに売上は上がっていきます。

「さらに良くなる」が追加商品のおすすめのポイント

引き続き、自動車の例で「追加商品」についてお伝えします。

自動車を購入したときに、カーナビや高性能タイヤ、カッコいいホイールなどをオプションで勧めるケースがあります。これが、追加販売にあたります。商品を購入してもらったときに〝ついで買い〟をしてもらうのが、追加商品の役割なのです。

追加商品を用意する際には、いいパターンと悪いパターンが存在します。

追加商品についてきちんと理解していない起業家は、お客様に不信感を与えてしまうようなアプローチをしてしまいます。追加商品を「不完全なものを完全にするもの」と捉えてしまうのです。追加商品を購入してもらうために、あえて80％くらいの商品を販売してしまいます。

「このパーツが揃えば１００％になりますよ」という感じで、自動車で言えば「タイヤだけ別売」みたいな感じです。「そんなバカなことがあるの？」と思うかもしれませんが、本当にこういったことがビジネスの世界ではあるのです。

当たり前ですが、**販売する商品は１００％のものを提供しなければいけません。その上で、追加商品の提案を行う**のです。

逆に、いいパターン（正しいパターン）では、１００％を１２０％にするために追加商品があると考え、アプローチをします。

「自動車をお買い上げいただいたことで快適に街中を走り抜け、買い物も便利になり、ドライブも好きなところへ行けるようになりました。ただ、遠出をしたときなどに道がわからずに地図を片手に走行すると、危険です。せっかくの大切な休日をあちこち道を間違えながら走ると時間を浪費するだけでなく、ドライブの雰囲気も悪くしてしまいます。それを一気に解決できるのが、カーナビです。車のご購入とともにいかがですか？　これでより一層快適なドライブ生活を送ることができますよ」という感じで提案をするのです。

そして、さらにここからが最重要ポイントです。今の悩みが解決されたり、願望が叶ったら、お客様の頭の中には次の悩みや願望が生まれてきます。

出会いがなくて悩んでいる人がいるとします。その人に出会いの場を提供して、悩みを解決してあげたとしたら、今度は「相手とうまく話せない」という新しい悩みが生まれるのです。

そこで、うまく話せるように会話講座を開いて、異性とうまく話せてつき合えたとします。すると次は、デート場所やプレゼントなどの、また新しい悩みや課題が出てきます。先に行けば結婚、出産、マイホームの購入など、悩みは次から次へと、尽きることがありません。

今この瞬間の悩みを解決する商品を提供して終わってしまうと、売上にはすぐに限界がきます。しかし、お客様の移り変わる悩みや願望に合わせて常にそれを解決する商品を提示してあげれば、どんどん商品を買ってくれるようになります。

もちろん、自社にその商品がない場合もあると思いますが、そんなときは、その商品を持っている会社と提携すればいいだけです。

このような仕組みづくりをしていけば、収益が安定してくるようになります。

これが「売上10倍計画」の全貌です。

少し複雑かもしれませんが、大事なのは人の心理を考えることに変わりはありません。人の心理の変化を冷静に追うことができれば、今回の内容をさらに深いレベルで理解ができるようになります。

Days 20

結果につながる改善方法「分離型改善方式」とは?

ビジネスでうまくいかなかったとき、必要になるのが「改善」です。

もちろん、改善しなくても済むよう事前に計画をしっかりと立てておかなければいけません。しかし、現実は改善しないでいいことなど稀です。計画通りにいかないのが実際の現場なのです。

よく「計画通りに行くように綿密に練ります」と聞きますが、仮に計画通りに行ってしまうと、実はそれは失敗になります。

必ず、実際に実行してからでないとわからないポイントや矛盾点が存在します。計画は、そもそも実行中に練り直すのが普通なのです。

もちろん、**事前計画は100%のものを作らなければいけません。それはスタートラインです。ただ事前に100%の計画を立てつつも、感覚的には50%くらいのものと思って実行していきましょう。**

ただ、改善ポイントも、改善の仕方を間違えるとまったく結果につながらなくなってしまうので、改善の仕方についても熟知しておいてもらいたいと思います。

改善するときはピンポイントで仮説・検証する

よくチラシでも問い合わせなどの反応率が悪いと、また違うデザインで作り直したりする人がいますが、そうではなくてすべてをパーツごとに分けて、改善するポイントを絞っていくことが大切です。

タイトルとサブタイトル、本文、本文の中に使っている単語など、細かく分解して行くと、たくさんのパーツに分けることができます。

これはビジネスの世界でいうコピーライティングというもので、読み手がどうしても読まずにはいられない文章を書く技術のことを言います。

コピーライティングという言葉はようやく日本でも有名になってきていますが、それでもまだまだ知られていません。日本の30年先を進んでいるアメリカでは頻繁に使われている技術ですが、今の日本ではこの技術を持っているだけで他のライバルよりも有利になれてしまいます。もちろん私も、コピーライティングの技術をちゃんと身につけています。


少し話がそれました。

改善するときのポイントは、パーツごとに分けること。そして、どこかパーツの1ヶ所だけを改善することが重要です。他のところは何も変えずに、ただ1ヶ所です。

チラシであれば、メインのタイトルだけを変えてみる。変更したもので再度、広告を打って、反応率が上がればそのままに、反応率が下がれば元に戻して次を試すのです。変更してテストをするのは何もタイトルだけではありません。サブタイトルや本文、写真なども反応テストをする必要があります。

このやり方を繰り返すと反応率がとても高いチラシを作成できるようになり

ます。

反応が悪ければ元に戻し、反応が良ければ残すので、良くなっていく一方になるからです。**1ヶ所ずつやっていくからこそ、必要な改善だけができて高い効果を得られます。**

たまに「全部変えたら反応が良かった！」という話も聞きますが、そういう場合であればあるほど、1ヶ所ずつやっていないことが、とてももったいなく感じてしまいます。

なぜでしょうか？

例えば、今回のチラシの反応率を決める要素が「タイトル」「サブタイトル」「本文」の3つだったとします。そして、元の反応率をそれぞれ1とします（数字は適当な数字ですが、わかりやすくするために用いています）。

すると、この全体の反応率は各要素の掛け合わせで成立するので、1×1×1＝1となります。

もしも、チラシの要素すべてを一気に変えたとして、反応率が1・2になったします。一見すると良くなったように見えますね。でもその内訳が、タイトルの反応率がかなり大幅に上がっていて、それ以外は逆に下がった結果として、1・2になっていたとしたら、どうでしょうか？

10×0・4×0・3＝1・2のような計算式だったら、ということです。

極端な例かもしれませんが、そうすると全体で見た場合は1・2に反応率が上がっていますが、実はサブタイトルと本文ですごく反応が下がってしまっていて、しかもそれが可視化できない状態になってしまうのです。

タイトルはとても興味を引くものになっていたけど、それ以降がつまらなくてポイ捨てしてしまう人が続出している状態ということです。

これをきちんと1つずつテストして、仮にサブタイトルも本文も反応率の高いものに改善できなかったとしても、1のままにしておけば、10×1×1＝10で10倍の反応率になったことになります。

つまり、**一気にすべてを変更してしまうと、どこが良くてどこが悪いのかがわからなくなる**、というのはこういうことです。10倍の反応率をみすみす逃し、たった1・2倍の反応率で喜んでいるような状態に陥ってしまうのです。

こういった危険性があるので、きちんと分離型で改善していくことが大切です。

少し面倒臭いかもしれませんが、面倒くさいことを他のライバルはやらないので、あなたがこれをやるだけでも、ライバルから圧倒的な差をつけることができるようになります。

Days 21

どうすればお客様をリピーターにできるのか？

せっかく「お客様・顧客」になっていただいた方に、繰り返し自分の商品を購入してもらえるようにするための、信頼構築の方法があります。

この内容を知ることで、お客様にファンになっていただき、さらに商品を購入してくれたり、その商品を友達にも勧めてくれたりするようになります。

その重要な役割を担うのが、「信頼構築」です。

信頼構築に必要な2つのポイント

信頼を構築するためには、相手の話を聞くこと。なぜならば、**人は誰でも自分の話を聞いて欲しいと思っているからです。「聞く」ことに徹してもらうこ**

とで、相手は「この人は私を理解してくれている」と感じ、あなたを信頼しようとするのです。

「聞く」のポイントは、80％の時間で相手の話を聞いて、20％の時間でその話を要約することです。このバランスで会話をすると、それだけで信頼度が増していきます。

次に、相手が感じる10倍の価値を提供してあげます。10倍の理由は、これは心理的な要素が関係しますが、人は何かをしてもらっても、その価値の10分の1くらいでしか感じることができないからです。

例えば、大切な人に何かをプレゼントするとして、それが1万円のものだったら、相手はそれを1000円くらいに感じてしまうのです。少し切ない話ですね（笑）。

ですが、これは仕方がないこと。そう割り切りましょう。

もしも、1万円分の価値を感じてもらいたいのなら、10万円分を提供してください。すると相手は「こんなにくれるの？」と思って、信頼度が上がっていきます。

さらに、そうなると「お礼をしなければ悪い」と思ってくれるようになります。

これを「返報性の法則」と言います。

友達からプレゼントをたくさんもらうときやご飯をご馳走になるときに、何かお返ししないと申し訳ない気持ちになったことがあると思います。それがまさに返報性の法則です。

「80%話を聞くということ」と「10倍の価値を届ける」の2つをするだけで、信頼がどんどん上がっていきます。お客様だけでなく、プライベートな人との信頼構築にも使えますので、ぜひ日常的に活用してみてください。

Days22

労力より「成果」や「結果」を価値にしよう

いよいよビジネス部門も最後です。

ここまでの話をしっかり覚えて起業していくと、リスクを最小限にしてビジネスをスタートさせることができます。もちろんすでにビジネスをしていたとしても、今以上にビジネスをうまく成長させることができます。

起業して3年で80%の会社が倒産し、5年後にはたった4%しか生き残っていないという統計データがあるのをご存知でしょうか?

これだけを聞くととても怖いですが、その原因のほとんどは「マーケティングの本質を知らなかったこと」が大きく影響しています。マーケティングの要素は色々とありますが、例えば「集客」もマーケティングの1つの要素であり、「時流を読む」もマーケティングの要素になります。

今の時代、マーケティングを知らずにビジネスをすることは自殺行為です。

なぜ、マーケティングの本質を知ることが大切なのか?

ただ一昔前は、それほど必要のないものでもありました。それというのも、戦後の時代にはものが足りずにみんなが困っていたので、それを満たす商品があるだけで売れていたからです。商品があれば売れるのですから、誰にどんなものを……ということを考える必要はありませんでした。

しかし、高度成長期に入ってものが溢れかえる時代に入ると、今度は品質の高いものが求められるようになりました。品質向上が叫ばれる時代は、平成初期くらいまで続いたのです。

現代はものが溢れかえっていて、品質の悪いものもそんなにない時代になりました。例えば、たった100円で売っている百円均一の商品でも、海外では1000円で売られるくらいに、日本の商品の品質は高まりました。

今の豊かな日本を作り出してきた先人たちは、品質向上時代に生きてきた、あるいはその背中を見て育ってきたので、「商品が良ければ売れる」と考えがちになってしまいます。

しかし、高品質は当たり前の時代になった現在では、商品の質だけに目を向けていては生き残ることは相当難しいです。**いい商品は当たり前で、それをいかにして売るか——マーケティングを知らずに生き残っていくことがとても難しい時代になった**のです。そして、こういった時流を読むというのもまた、マーケティングの要素となります。

もちろん、時代が移り変わっても変わらないものもあります。

それは「人間の心理」です。

例えば、人は楽しいことがあれば笑い、悲しいことがあれば涙を流します。これは何千何百年も変わらない不変の心理なのです。

本当のマーケティングとは、流行りのノウハウやテクニックではなく、今も昔も変わらない人間心理に基づいたスキルなのです。**流行りのノウハウは時代とともに廃れていきますが本質はずっと残りますし、それを知って活用することで、ずっと生き残っていけるようになります。**

だからこそ、マーケティングの本質を知ることは重要なのです。

マーケティングには、一度身につけると一生使えてしまうスキルがあります。時代の流れとともに何度も勉強し直さないといけない、小手先のテクニックとは違います。実は、ここまで解説してきた内容でも、流行りの小手先なテクニックの話は一度も出てきていません。

残念なことに、多くの人は小手先のテクニックに魅了されてしまいます。

誰しもが、なるべく楽をしてすぐに成果を出したいと思うので、ある程度は仕方がないと思います。

例えば、学生だったら「テスト対策プリント、これ1枚で80点が取れる高確率出題問題集＋詳しい動画解説つき」なんていうものが、ほとんどテスト勉強ができていない状態で目の前にぶらさがっていたら、ついつい手を出してしまうと思います。

しかし、そんなおいしい話があったら、すでに多くの人が結果を出しているに決まっていますが、もちろんそんなことはありません。

小手先のテクニックは「ちょっと取り組めば、すぐに結果が出ますよ！」という表現で販売されているので、多くの人はそれに翻弄されてしまうのです。

悪いのはノウハウに飛びつく人ではなく、そういったアピールの仕方をする販売者側です。もしあなたが、そんなものに飛びつきそうになったときは、そのやり方で成功し続けている人が何人いるのかを見てください。

そして、「成功者が共通して語っていることが何か？」を同時に考えてみてください。

例えば、億万長者が「今はfacebook集客がアツいよ！」ということはあっても、億万長者自身がfacebookやブログでコツコツ記事を書くという行為は、ほとんどしていないのです。本当に大切なポイントは、そのようなところにはないのです。

本当に大切なのはもっと本質的なことなので、これまでもその本質部分を伝えてきたわけです。

起業家がこの先にするべきシフトチェンジ

ビジネス講座の最後にお伝えしたいのは、「現場主義からオーナーへと移り変わる」ということです。

ある程度の規模になったり、これから安定してビジネスを展開したり、成長させるためには、それなりの組織体制が必要になってきます。別に社員を雇わないといけないわけではなく（もちろん雇ってもいいですが）、**「労力を対価にすること」から「成果を対価に変えていくこと」にシフトチェンジする、**という意味です。


どうしても私たちは「これだけがんばったから」「これだけの時間を費やしたから」ということに重きを置いて、がんばった分や働いた時間に対しての報酬をもらおうとしてしまいます。

しかし、お客様からすれば、いくらがんばったところで、望む結果を与えてくれなければお金を払う気にはなれません。その途中過程でいくら努力をしていようが、いくら時間を使っていようが、お客様には関係ないのです。

もしもサラリーマンなら、ここまで考える必要はないかもしれませんが、ビジネスをしていく上では、とても重要な考え方となります。

これからは「相手に与える成果や結果」で価値を測ってください。

すると「何でも自分ですることが果たして正しいのか?」という疑問が生まれてくるはずです。

結局、**人が自分一人でできることには限界があります。**

お客様に満足してもらうためには、あるレベルからは他人の協力が必要になってくるのです。それが社員だったり、取引先だったりします。

パートナーたちと分担して作業を行うことが、ある程度のビジネス規模になったり、もっとビジネスを拡大させたり安定させるための必須要素になってきます。

ビジネスを始めたころは、何もかもを自分でやらなければいけないし、どちらかというとやったほうがいいです。

ホームページの作り方も、多少は知識がないと、高額で販売してくる悪徳業者に騙されてしまうかもしれません。専門家ほどの深い知識は必要はありませんが、自分で一通り基本ができるようになると相場なども見えてくるのです。

ちなみに今では、ホームページ作成だけなら、安ければ数千円から数万円くらいでできるようになっています。にもかかわらず、作成料に30万円、毎月の管理費（という謎の費用）で月々５０００円、といった提案をされるように、不必要な出費で経営を圧迫するようになってしまいます。

もちろん、本当にすごいホームページなら1ページ作るのに１００万円かかることもありますが、その見極めも、自分で一通りやらないとわかりませんし、そもそもそれが必要かどうかもわからないので、判断できないのです。

そして、ある程度まで自分でできるようになったら、その先は作業を細かく分けて、任せても支障がない部分から社員やアルバイト、あるいは業務委託に任せてしまい、自分がやる仕事を徐々に減らして行きます。


ポイントは一気に切り離すのではなく、誰でもできることから少しずつ切り

離して行くことです。すると、人に任せることにも抵抗感がなくなり、任せることのメリットをしっかりと実感できるようになります。

ただ、ここで注意しないといけないことがあります。

社員を雇うにしても、「自分の右腕」になるような人を雇おうと思う人が多いのですが、そのような人は基本的にいません。

なぜなら、「自分と同じような人＝自分と同じ環境で同じ人に囲まれている」からです。人は与えられた環境や周りの人間関係により、思考や行動などに大きく影響を受けます。つまり、基本的に同じような人間は存在し得ないのです。

百歩譲ってそういう人物がいたとしても、独立して自分でビジネスをやっているか、いずれ独立して行きます。右腕の人物を探そうとしてもなかなか見つからないし、見つかってもずっと会社にいてくれる可能性は低いのです。

それよりは、むしろ「誰にでもできること」を人に任せて行くことで、自分の労力を素早く減らしましょう。そして空いた時間で、あなたはお客様へのサービス向上やビジネス戦略の作成に時間を使うのです。

この仕組みを入れておくことで、万が一、あなたが怪我や病気で働けなくなっても、収入が途切れることがなくなるので精神的にも安心です。

ここまでに話してきた内容はマーケティングなどの本質部分であり、今も昔も変わらない最重要事項です。

この原理原則を守ってビジネスを始め、ビジネスを続けることで、ライバルに負けることのない、安定して成長するビジネスモデルを作れるようになります。

今までの学びを基本ベースに、少しずつ実践していってください。

1	2	3	4	5	6
7	8	9	10	11	12
13	14	15	16	17	18
19	20	21	22	**23**	**24**
25	**26**	**27**	**28**	**29**	30

Last Week（23日目～29日目の授業）

次世代リーダーを育てる７つのステップ
──起業家マインドとリーダーシップ──

Days 23

ステップ1／最初の一歩を踏み出す方法（苦悩&成長）

さて、いよいよ最終章となりました。

ここまでお伝えしてきたことも大切ですが、本章でお伝えしていく内容が最も大事です。

ここまで話してきたことは「人生を豊かにして行く武器」についてでした。

ただ、どれだけ強力な武器を持っていても、それを使う土台である人間が軟弱だと武器は最大効果を発揮できません。レベル1の勇者とレベル50の勇者では、同じ伝説の剣を使っても攻撃力が変わりますよね。それと同じです。

武器よりも、もっと大事なものがあるのです。

それが心構え――専門用語で「マインドセット」と呼びます。

マインドセットができていれば、どんな困難にも立ち向かい、乗り越えていけるようになります。自分の中から「うまく行かない」という考えがなくなっていきます。

なぜ、マインドセットが最も重要なのか？

このマインドセットができていない人は、いくら良い武器を手に入れても、困難なことがあったら心が折れ、それを乗り越えていくことができません。

大学受験を例にとってみます。

高校数学でとても素晴らしい参考書兼問題集があります。『青チャート』という参考書です。これを全問マスターすれば、偏差値60を軽く超えることができます。うまくいけば偏差値65も夢ではありません。

学校もそのことがわかっているから、特に進学校などでは、青チャートを使っているところがとても多いのです。

しかし、それで偏差値65を超える受験生は、ごく僅かしかいません。

なぜ最強の武器を手に入れたのに、その領域にいけないのか？

今の受験システムや学校や外部模試のシステムは、正確に覚えて正確に記憶を出力するという単調作業です。ここに閃きは存在しません。

そもそも成績の良い生徒は閃きで解いているのではなく、過去に似たような問題を解いたことがあって、それをちゃんと正確に覚えて正しく出力できるから解けているだけなのです。

「あ、この問題は前に解いたことがあるな。知ってる」という具合です。単に知っているだけであって、頭の良し悪しは関係ないのです。正確に覚えて正確に出力できるように反復練習したから、解けるだけなのです。

これが〝今の〟勉強ができる／できないの基準なのですが、成績が上がらない生徒は、そもそも偏差値65を超えるまでやり続けていないだけで、高校レベルの問題で、頭の良し悪しはそれほど関係ないのです。

確かに記憶力が良かったり、理解力があれば有利にはなりますが、偏差値65を超えるくらいだったらあまり関係ありません。

では、どうすれば偏差値60以上の領域に行けるのか？

そこには「最低条件」が存在します。青チャートを使って偏差値60を超える最低条件は、1冊を最低5回は繰り返す――ただ、それだけです。細かな条件も多少はありますが、基本的にこの条件をクリアすれば偏差値60への切符を手に入れることができます。

しかし、ここで「そんなの無理だよ」という人がいます。それが圧倒的学力を手に入れられるかそうでないかの境界線なのです。

反復練習という行動を積み重ねるだけで、正確に知識は入り出力できるようになります。もちろん覚えにくい・覚えやすいというのはあるので、問題によってはさらに回数を重ねるほうがいいこともあるでしょう。

このように最強の武器を手に入れることができたとしても、その効果を最大限に発揮するための行動が伴わないので、成果が出ない人がほとんどです。途中で飽きてしまったり、しんどくなってしまうからです。

つまらない基礎の反復ができないから、また目新しいノウハウに飛びついたりします。そして、いつまでも中途半端を繰り返し、成果の出ない地獄から抜け出せなくなるのです。


できるようにするためにはどうすれば良いのかというと、最初に「やる!」と決めたら最後までその意志を貫くための心の在り方を身につけることです。

つまり、マインドセットが大きな役割を担ってくるのです。

勉強だけではなく、スポーツでもビジネスでも同じです。どんな分野でも、一流の人はみんな、マインドセットが大事だと知っています。

「成功要因は、ノウハウが2割でマインドセットが8割を占める」とすら言われています。それくらいマインドセットは、人生の成功を大きく左右するのです。

人により「成功」の定義は違います。

大切な人と幸せに過ごすことを成功と呼ぶ人もいれば、好きなときに好きな場所に行けるようになることを成功と呼ぶ人もいます。

様々ありますが、どういった形であれ自分の中の成功を成し遂げるためには、マインドセットは必須なので、しっかりとこれからの解説を読み進めてください。

「やるべきとき」を避けては成長できない

ここで1つ、質問です。

あなたにとって「しんどいこと」「苦手なこと」はどのようなものでしょう?

「できればやりたくない」と捉える人もいると思います。

人間は、「こうしたい」「こうなりたい」と夢は語っても、なかなか進み始めることができません。最初の一歩が踏み出せないのです。

世の中にある多くの本や情報の中には「がんばらなくたっていい」というも

のもありますが、そういう話には騙されないでください。

人は誰でも楽をしたいですし、できればがんばりたくないもの。でも、それでは他の人と何も変わらず、差をつけることもできません。当然ですが、みんなと同じことをしていても、上に行くなんてことはあり得ないのです。

多くの人はがんばることの大切さを知っているのにも関わらず、それでもがんばることを避けてしまいます。それは本人が悪いのではなくて、世の中に出回っている情報が悪いのです。

今溢れかえっている情報の多くは〝がんばらずに成功〟とか〝楽して儲ける〟というものばかりです。

なぜそのような情報ばかりなのかというと、そのほうが売れるからです。たくさん売って自分の収入を上げるためだけに嘘をどんどん流し、多くの人からたくさんのお金を奪っているのです。奪われた人は、思ったような結果を得ることができずにお金も気力もなくしてしまうので、恐怖や不信感を抱いてしまい、それ以降、一歩も踏み出すことができなってしまうのです。

人にはやらなければいけないタイミングがあります。それを避けては、成長できないのです。

成功する人は勇気を持って一歩を踏み出し、やるべきときに集中して、行動を起こします。まるでエスカレーターを勢いよく駆け上っていくかのように。望む結果を得たいと思うのならば、まずは一歩を踏み出してみてください。

そして、その行動を起こすときは、いつもこの言葉を思い出してください。

『チャレンジには必ず痛みが伴う。でも、その痛みは〝必ず乗り越えられる痛み〟である。痛みを恐れずにチャレンジをしなさい』

「がんばらなくていい」「楽な道を選べばいい」「好きなことだけすればいい」という言葉が氾濫し、努力までも否定するような時代になっています。

しかし、成長し幸せをつかむためには、努力は必要なのです。

Days 24

ステップ2／失敗への不安を消す方法（失敗&成功）

どうしても何かにチャレンジしようとしたりすると、「うまくいくかなぁ」とか、「失敗したらどうしよう」と不安になってしまいます。

乗り越えられない痛みはやってこない——とはいっても、それでもやっぱり不安に思ったり恐怖を感じることもあるでしょう。

そこで、さらに不安を消し去る考え方について解説をします。

それは「視点を広げる」ということです。

ビジネスを例にとってみると、起業したばかりの人の中には、広告を出すのをためらう人がいます。「自分の名前や顔が世に出回ると、たくさんの人に知られて怖い」と思ってしまうためです。

確かに、近所の人が自分の広告を見ていたとしたら、ちょっとはドキドキすると思うので、気持ちはわかります。

ここで視点を広げて考えてみてください。

自分の想い描く将来や、その道を通って、今の自分よりも少し前を行っている人を想像してみてください。

ビジネスの業界でもかなり有名な人もいますが、その人が世の中全体を見たときにそんなに有名かと言えば、実はそうでもありません。

しかも、ビジネスの世界で有名な人は、年間に何百、何千万円と広告費をかけているにもかかわらず、業界内では有名でもその業界を抜け出して世間一般の人から見れば、電車で隣に座っていても気づかないような存在なのです。

こんなことを言ってしまうと、各業界の大御所に怒られるかもしれませんが、これは事実です。


あなたが到底出せないような金額を広告費に使っているすごい人たちでも、近所で知られることがほとんどないのに、どうしてそんな規模で広告できないあなたが、「周りに知られたらどうしよう」と不安に思う必要があるのでしょうか?

ちょっと広告した程度で、その存在が認知されることなどまずありません。

芸能人や誰でも名前を知っている一流の大企業の社長でもない限り、名前どころか顔すら覚えられることはないのです。

視点と発想を変えて、そんな凄い人でも知られることはほとんどないから、自分もガンガン広告をしても大丈夫だと思ってもらいたいのです。

「視点の拡大」がもたらす様々な恩恵

この視点と発想は色々と応用が利きます。

人生でどん底を味わったときに、「どうして私が！」とか「何で私だけ！」と思うとつらくなりますが、世の中にはどん底を味わっている人がたくさんいます。それに、成功している人のほとんどは、一度や二度は挫折を味わったり、億万長者のほとんどが破産を経験しているのです。

「これくらいの苦難は味わっても当たり前だ」と視点を広げて発想を変えると、捉え方が変わり楽になって前向きになることができます。

勉強でも同じです。「この問題は難しい。やっぱり自分は勉強に才能がないんだ」と思うのもいいですが、それで何かいいことがありますか？

「そもそも受験生が50万人もいて、そのうちの25万人が偏差値50はあるのに、自分が偏差値50を超えないのはおかしい。偏差値50を越えている25万人に入っていないのはそもそもおかしい」と捉えることができれば、前向きに行動ができるようになります。

ここでのポイントは、出来事は何も変わっていないという点です。

捉え方を変えただけで、その後の結果ってすごく変わってくる。そして、その視点を手に入れたとき、不安は一気に消し飛びます。

自分のやる気を引き上げるより、まず心のブレーキを解除する。すると、状況を一変させられるようになります。

世の中のトップクラスの人たちは、血の滲むような努力しています。

もしもあなたが、まだその領域まで行けていないのなら、せめて「どうしてこれくらいの努力や挫折で気持ちがヘコむんだ？」「１００％の努力をやりきってないいんだから落ち込むのはまだ早い！」と捉えてみてください。成長は一気に加速していきます。

そして、このように捉えたら、うまくいく方法を見つけるためにあの魔法の質問を自分に問いかけるのです。

覚えていますか？　「どうすれば、うまくいくのか？」です。

Days 25

ステップ3／好きなことと儲かることを見つける方法

これまでビジネスの話をしてきて、「いったい自分は何がしたいのか？」と考え始めた人もいるかもしれません。「やりたいこと」がなかなか見つからずに悩む人は本当に多いですが、それはごく自然なことです。

人間は年齢を重ねるたびにいろいろな体験を積み、それを通して価値観は変わっていきます。考え方や興味のあるものも変わってくるのが自然なのです。

そして、「やりたいこと」はそんな中から見えてくることがよくあります。

逆に、そういった体験から何も学びを得なかったり、知識を入れることをしなければ、当然ですが永遠に人生の迷路にハマってしまうことになります。

しかし、本書を通してたくさんの情報と刺激を受け、将来のことを考えれば、やりたいことが見つかる可能性や、その実現性なども大きく変わってきます。

そのためにもここでは、目標設定の方法について解説していきます。

実現する目標設定4つのステップ

「自分は将来、何がしたいのか」ということに悩むと思いますが、今は何がやりたいのか、どんな職業に就きたいのかは、わからなくても大丈夫です。

代わりに、**まずは「5年後になりたい自分」を描いてみてください。これが目標設定をするためのステップ1**です。

これは具体的に「どんなビジネスをしていて……」というものでもいいですが、漠然と「海外に住みたい」というものでも構いません。他にも「幸せになりたい」「裕福になりたい」などの、曖昧なものでも大丈夫です。

例えば、私は5年後には全国2万人の人に、自分の人生を切り開く力を育むための講義を提供したい――これが私の5年後の夢です。

このようにまずは、こういう状態になっていたいというくらいのものでもいいので、まずは5年後の夢を設定してみてください。

ステップ2は、5年後の姿を「3年後」に落とし込んでいきます。

5年後の夢を達成するためには3年後までにどうなっておかないといけないのか、を考えてみるのです。

私の場合は、5年後の夢を達成するためには、3年後には東京・名古屋・大阪・広島・福岡を中心に講演活動をすることで達成できると考えています。

3年後の目標がある程度見えてきたら、ステップ3。「1年後の目標設定」です。

3年後の目標を達成するためには、1年後にはどのようになっておかなければいけないのか？

私の場合は、「3年後に5都市で講演活動をしているために、1年後までに東京と大阪での講演活動を行う」です。

そして、**ステップ4。「1年後の目標を達成するために今とるべき行動は何か」を考えていきます。**

私が1年後に東京・大阪で講演活動をしようと思えば、講演を聞きにきてもらえるくらいの実力と、広告費用が必要となります。仮に広告費が600万円であれば、毎月50万円は貯めないといけません。さらに生活費も考えると100万円を毎月の利益で残さないといけません。

通常、毎月100万円の利益を残そうとすれば300万円の売上が必要となります。すると、毎月300万円を売り上げるためにどんなビジネスの戦略を立てればいいのか、ということになります。

このように、5年後から3年後、3年後から1年後、1年後から現在と逆算で具体化させていくことで、「今、何をしないと5年後の目標が達成できないのか」が明確になります。今やるべきことが定まると、やる気が自然と湧いてくるようにもなります。

なぜ、目の前のことだけを考えて行動してはいけないのか?

ほとんどの人はこういった設計やビジョンを持たずに目の前の課題に取り組もうとするので、無理やりやる気を出す必要があります。それでは、いつかはやる気がなくなってしまったり、その目の前の課題をクリアすると一気にやる気が失ってしまったりするのです。いわゆる〝燃え尽き〟です。

多くの受験生が大学受験合格後に燃え尽きてしまうのは、この典型的な例と言えるでしょう。

目の前のことだけを考えて行動すると、どうしても持続性がなくなったり、結果に一喜一憂してしまったりします。

それよりも、5年後のビジョンから今に落とし込んだ行動計画を立ててみてください。その道でもしも何かの困難に出くわしたとしても、5年後を達成しようとしたら、そんなところで躓いてはいられないと思うようになってきます。

すると、目の前にある課題やトラブルはトラブルでなくなってくるのです。やる気も持続しますし、一喜一憂することもなくなります。

目の前にある課題は「これからの自分を成長させるための栄養剤」として捉え、積極的に取り組んで乗り越えていってください。

一見、意味のないようなことにも意味を見出したり、価値を与えたりできる人は、人生を豊かにする力を身につけることができます。

しかし、何か嫌なことやつらいことが起こったときに、「なんで私ばっかり」とか、「今の勉強は意味がないから」と言って投げ出しているような人は、やはり結果も出ないし、望む未来を手に入れることもできません。

人生が豊かになる人は、たとえどれだけ価値が少なそうな課題に対しても、その少ない中から価値を見出そうとします。これはあらゆる分野のトップクラスの人たちに共通した捉え方です。

目の前の課題から逃げずに、それは自分を成長させ5年後の目標を達成させるためのレッスンと捉えて、積極的に取り組んでください。

Days 26

ステップ4／結果にコミットメントする方法

「結果にコミットすること＝行動するために必要なマインドセット」はとても大事なので、ここで掘り下げておきましょう。

行動を促すマインドセットを解説するのは、行動しない人が多いからです。

結局は、行動しないと結果も何も出ません。そして、行動を生み出す根元が「感情」です。やる気もなくてモチベーションも低いときに行動する気にはなれないのは、感情が関係しています。つまり、感情が行動を支配しているということです。

実は、感情は「思考」によって支配されています。

何かにチャレンジしようとしても「もしも失敗したら……」というマイナス思考が働くと、やる気が引き起こされにくくなります。

同じような状況でも「何事もやってみなければわからない。それが成長することだ」とチャレンジに前向きな思考を持っていると、ただそれだけでやる気も湧いてきます。

思考から結果までは一連の流れになっていて、

思考↓感情↓行動↓結果

とつながっていきます。

この順番も大切です。「思考↓感情↓行動↓結果」の流れは順番で覚えておいてください。

「コミットメント」の4つのレベル

コミットメントには、直接的な日本語訳はありません。

私なりの解釈で言うと、「何が何でもやり遂げる」というその意思の表れのようなものです。そして、コミットメントには4つのレベルがあります。

レベル1が「思う」というレベルです。

これは英語で言うところの「Ｈｏｐｅ」「Ｗｉｓｈ」のような意味です。

例えば、「何かいいことがあるといいなぁ」とか「宝くじが当たったらなぁ」という感じで、誰でも簡単にできます。その分、目標を達成する力としては非常に弱いのです。

レベル2は「想う」です。「相手の心」と書いて〝想い〟です。

これは英語で言うところの「Ｉｍａｇｉｎｅ」にあたります。

スポーツの世界にイメージトレーニングというものがありますが、これは効果があると実証されています。とはいえ、達成するという観点から見るとまだまだ弱い。

かつて、ジョン・レノンという人が同じタイトルの曲を歌っていました。この歌は世界中の人に愛され、多くの共感を得ました。世界の平和を祈り、「国境なんていらない」ということに共感が生まれたのですが、現在でも戦争は起こっていて、国境もなくなっていません。

「Ｉｍａｇｉｎｅ」のレベルは非常に共感を生んで強いのですが、目標を達成するにはまだ弱いということになります。


レベル３からが、目標達成には必要不可欠のコミットメントのレベルとなってきます。それが、「念」です。「今」に「心」と書きます。

これは英語で言うところの「Ｄｅｓｉｒｅ」です。自分で目標を達成すると決めた心が、今ここにあるということです。レベル３は非常に強力で、目標達成には最低でもこれが必要不可欠だと言われています。

ただ、トップクラスは次の最高レベルでコミットメントをしています。それが**レベル４の「信念」です。英語で言えば「Ｓｔｒｏｎｇ　ｗｉｌｌ」です。**

自分で決めた心が今あるだけではなく、さらに「信じている」。トップクラスの人たちは、**目標達成することを「何が何でもやり遂げられる」と信じ切っているのです。達成することに疑いの余地がないので、目標達成してしまいます。これが本当のトップクラスのコミットメント**です。

レベル4のポイントは、本人が疑わず本当に思っているというところです。人は基本的に本気で思ったことなら、やり遂げられます。夢が実現しない人はコミットメントが弱く、何より信じ切っていないので実現しないのです。

「そんなことはない！　本気で思っているけど挫折したんだ！」という反論をもらいそうですね。

確かにその考え方もありだとは思います。正解はありませんから。

ただ補足しておくと、ここで話しているのは、将来的に社会で活躍したり次世代のリーダーを担ったり、充実した人生を送ったり、目の前の課題を乗り越えて行くために効果のある話をしています。

正解・不正解ではなく、「あなたはどちらがいいですか？」という話です。本気で目標達成をしたいと思うのであれば、この考え方をぜひ使ってみてください。

コミットメントのために思考のレベルを上げるには？

とは言っても、いきなりレベル4のコミットメントは難しいと思います。今までのあなたの思考が邪魔をしてくるからです。

でも、周囲の助けを借りると思考のレベルは上げやすくなります。

具体的に、どうすれば思考レベルを上げることができるのか？

それは、**自分よりも思考レベルが上の人や、憧れの人とできるだけ多く関わることです。以前にも解説した「ミラーニューロン」が関係します。**

思考は育ってきた環境や関わった人から大きな影響を受けます。

例えば、ハイハイから立ち上がろうとする赤ちゃんは、何度も何度も失敗しますが、チャレンジをやめません。「僕には向いていないから一生ハイハイでいいや」とは考えません。生まれた瞬間からネガティブな赤ちゃんなんていないのです。

成長していく過程でネガティブになったりポジティブになったりするだけです。そして、その影響を与えるのが「環境」と「関わる人」なのです。

生まれた家を変えることはできませんし、引越しもすぐにできるとは限りません。

ですが、接する人を変えることはできます。すぐにでも思考を書き換えたいのであれば、関わる人を変えてください。

近くにそのような人がいなければ、動画や書籍でも構いません。その人の思考に触れることが大切なので、何度も見たり読んだりしてください。

最初に「思考→感情→行動→結果」とお伝えしましたが、そもそもの「思考」の前には「環境」が存在します。つまり、

「環境→思考→感情→行動→結果」

ということです。そして、環境は今すぐ変えていくことができるのです。

Days27

ステップ5／協力者を増やす方法（人を引きつける魅力とは？）

人間関係を豊かにしてくためには、相手から信頼されることが大切です。

マーケティングのところでも話をしましたが、信頼構築が協力者を増やすた

めのカギです。なぜ協力者を増やさないといけないのかというと、一人でできることには限界があるからです。

多くの人は自分だけで何とかしようとします。だから何ともなりません。

もちろん、**全力でチャレンジすることは大事ですが、できないことはやはり人に頼るほうが賢明です。これを言い換えると「他力本願」になります。**

他力本願は、現在では「自分でやらずに、誰かを頼る」など、いいイメージのない言葉ですが、本来はとても良い言葉です。

本当の意味は「自分でどうしてもできないことがあれば、どうかお力をお貸しください」という積極的なお願いのことを指すと言われています。

自分でどうしようもないことは、人にお願いをしたほうがうまく行きますよ、という昔の教えなのです。

だからこそ協力者を増やすことが大切なのですが、そのために大事なのはやはり相手との信頼構築です。

ここまでの間に「80％会話を聞くこと」「10倍の価値を届けること」と伝え

てきましたが、信頼構築には、それ以外にもポイントがたくさんあります。

例えば、80%相手の話を聞いたとしても、聞き流していたら信頼構築なんてできません。大切なのは相手の話を聞いて、理解し、共感することなのです。

10倍の価値を提供するにしても、自分が感じる価値を提供しては意味がありません。「相手が感じる価値」の10倍を提供するから信頼が構築され、返報性の法則が働くのです。

表面的な部分をなぞって手法だけを真似せずに、その本質部分まで見抜いてもらいたいと思います。本質とは、様々な角度から見たり聞いたりすることで、さらに理解が深まります。

信頼構築で最も大切なものとは何か？

信頼構築にとても大切なのは、「相手目線」です。

マーケティングの内容にも共通することですが、**どれだけ相手の現実に立って物事を考えることができるかがポイント**になってきます。

この視点をきちんと持つことができたら、信頼構築もできるし商品も売れるようになります。協力者もたくさん増えます。

だから、「相手の現実」という前提を常に意識してください。


相手の話をしっかりと聞き、相手の現実をちゃんと理解したら、次は「自己開示」です。

自分のエピソードや生い立ち、避けてきたことなどをすべて開示するのです。

自己開示で間違えないでもらいたいのは、**先にこちらの自己開示をしないことです。まずは相手の立場をしっかりと認識し、相手の現実を受け入れてください。**

相手の立場を認識し、理解していることが伝わったら、初めて自分のことを話すのです。

人は基本的に「自分の立場を認められたい」と思っているからです。

「立場」とは、存在自体もそうですが、自分の環境や苦しいことなど、今の現実に起こっていることなどすべてを指します。これらを理解されることで人は安心を得られます。

あなたが自己開示をするときは、自慢話などではなく、誰にも言えない恥ずかしいことや乗り越えてきたことなどを開示することです。

これはとても勇気のいることですが、だからこそ信頼に値するのです。恐れることなく、自分のことを赤裸々に語りましょう。そうしたときに、相手から好感を得られるようになります。

Days 28

ステップ6／スゴイ人間にステップアップする方法（1万時間の法則）

プロとアマチュアの差をご存知でしょうか？

「お金を稼いでいるかどうか」というのも1つですが、何かを始める際に、いわゆる「プロ級」になるための法則があります。

どんなことでも最初からプロ級にはなれません。必ず基礎を積み重ねる時期が必要なのは言うまでもないと思います。

しかし、自分はいつになったらプロ級になれるのか……と不安に思うかもしれません。

今日からは、これを基準にしてください――「1万時間の法則」です。

読んで字の如く、プロ級になるには1万時間を要するという意味です。

なぜ、「石の上にも三年」と言われるのか？

では、具体的に1万時間とはどれくらいの時間でしょうか？
一日8時間取り組めば3年半で達成できる時間数です。**ことわざに「石の上にも三年」というものがありますが、3年も1つのことに集中すると、それなりのものに成長できるものだと私は考えます。**

多くの人はそんな気の長い話はムリだと思って、他に楽しくてできることがないかとあちこちフラフラします。大学生が新卒で就職しても、1年も経たずに辞めてしまう。それを繰り返して、履歴書に職歴だけが増えていく。結局、何にも培ったものがない……これでは、いつまで経ってもどんな領域でもプロ級になれません。

まずは「これだ！」という1つに絞ってください。そして、時間やお金を自己投資して、行動し続けてください。3年半も経てば、周りが追いつけないほどの差が生まれます。

そして、捉え方も変えて行きましょう。**「たった3年半取り組むだけでプロ級になれるのなら、やらないほうが損」**という捉え方に。

コツコツ続けて行くために必要になってくるのが、ここまでに話をしてきたマインドセットです。これを組み合わせることで、どんなことでも乗り越えていける、そんな最強な環境を自分に作り出すことができるようになります。

トップクラスの人たちは、共通して次のようなことも言っています。

それは「基礎の積み重ねが大事」ということ。

そして、すごい人ほど基礎の反復練習をやり続けて、やめません。

野球でも、すごいバッターほど素振りを徹底的にやっています。素振りは、基礎の反復練習の代表のようなもの。

元メジャーリーガーのイチロー氏は基礎の達人です。イチロー氏より基礎トレーニングをしている人なんてそうそういないでしょう。野球センスもあって人の何倍も基礎を積み重ねているので、当然ですが他の人は敵いません。

私も勉強に関しては、1日13時間を3年間続けました。そして、圧倒的な学力を手に入れることができました。知識同士がつながり、さらに上の世界が見えるようになりました。

この感覚は体験した人にしかわからないかもしれませんが、確かに**1万時間を超えた先にはまったく違うステージが待っている**のは事実です。

今からでも遅くありません。何か1つをやり続けてみてください。やり続ければ、必ずその領域に行くことができます。

Days 29

ステップ7／3000年前から伝えられた錬金術（インド哲学）

いよいよマインドセットも最後になります。

最後に伝えたいことは、ここまでの内容を知り、実行して力がついた人に生じる「義務」についてのお話です。

フランス語で「ノブレス・オブリージュ」という言葉があります。「高貴さは義務を強制する」という意味ですが、平たく言うと、何かを持っている人には義務がある、という解釈が成り立ちます。

本書を通して力を身につけた人＝何かを持った人・得た人には、義務が生じます。それは、「他者に尽くす」ということです。すなわち、「奉仕の心」を持つこと。

自分に力がついて、充実した人生を手に入れたり、高収入を手に入れることができたら、今度はその力を他人のために使ってもらいたいのです。

これは3000年前から伝え続けられている「錬金術」にもつながります。

錬金術とは、普通の金属を貴金属に変化させる意味もありますが、本書でいう錬金術は「お金・愛情・人脈・チャンスを生み出す方法」です。

それを得た人は、自分のことを一旦脇に置いてでも人に尽くすことで、巡り巡って自分にお金・愛情・人脈・チャンスを得られる――そんな不思議な法則を試してみてください。

多くの人は、まず自分が満たされたいと思い、他人に尽くすことをしません。だから、お金もチャンスも入ってきません。

しかし、トップクラスの人はこの法則を知っています。だから人に尽くしたり、相手が価値を感じることの10倍の価値を提供する。それが巡り巡って大きくなって返ってくる。これが錬金術の流れになります。

人に尽くすために自分の力をつけること

とはいっても、ある程度の力がないと他人の役には立てません。

「自分は世界を救うんだ！」と言っても、その志は素晴らしいのですが、年収が１００万円しかなかったら、どうやって世界を救うの？　となってきます。「まずは自分を救いなさい！」と思わず突っ込んでしまいそうです。

他人のために尽くせるだけの力を養うためにも、自分が力をつける必要があるのです。そのために必要なことを、ここまでに伝えてきました。

まずは自分の力をしっかりとつけてください。そして、力がついたら他人のために尽くし、相手が感じる10倍の価値を提供してください。それが巡り巡って自分に返ってきます。

これが、トップクラスが昔から使い続けている錬金術。

とは言え、私もまだまだ未熟で力を蓄える身です。だから、自分のできる範囲で他人に尽くすことをしています。それでも、できる範囲でやれることをやって、お金・愛情・人脈・チャンスは巡り巡ってきています。

おかげ様で、この1年間でもたくさんの出来事があり、中にはつらい試練もありましたが、「乗り越えられない壁はない」というマインドセットでチャレンジし続けていたら、その壁も乗り越えることができました。

今までのマインドセットもフル活用して、ビジネスでもマーケティングをしっかりと使ってきたのです。

基礎の反復もやり続けてきました。私はどちらかというと要領が悪いほうです。決して、恵まれた天才などではありません。ただ、これまで話してきたことを愚直に実行し続けたことで、1年前とは圧倒的に違うステージにくることができました。

そして、このような本を書くことも、できるようになりました。

力がついてきたときに他人のためにすることは、ちょっとしたこと、簡単なことからで構いません。

例えば、自分から先に挨拶をする、エレベーターに乗るときに待ってあげる、誰かが乗ってきたら「何階ですか?」と聞く、常に「ありがとう」を言う癖をつける……そんなもので構いません。これなら、今からでもできますね。

こういった小さな積み重ねをしていくだけでも、1年後に違う世界を見ることができるのです。

ポイントは「うまくいかなくても、やり続けること」でしたね。すごい人ほど基礎をやめない、でした。

本書でお伝えしてきたことは机上の空論ではなく、私が現在進行形で使っている生きた情報ばかりです。

多少うまくいかないことがあっても気にせずに、やり続けてみてください。

すると、たった1年で圧倒的にステージが変わります。

1	2	3	4	5	6
7	8	9	10	11	12
13	14	15	16	17	18
19	20	21	22	23	24
25	26	27	28	29	**30**

Last Day（Days30：最後の授業）

学校をサボりまくるダメ人間だった僕が
次に目指すものは？

Days 30

学校をサボりまくるダメ人間だった僕が次に目指すものは？

最後まで読み通してくださり、ありがとうございました。

最後は私の話で、本書を閉じたいと思います。


私はもともと勉強が大嫌いで、学校もサボりまくっていて、成績がかなり悪かったダメ学生でした。

しかし、色々な経験をしていく中で、自分のなりたい職業が見つかりました。

ただ、その仕事は大卒でないと就けない職業でした。

当時の私の最終学歴は「高卒」でした。私は大学をたった1年半で中退していたからです。当然、すべての会社で不採用でした。

そのときに初めて思い知りました。「自分の人生には学歴が必要なんだ」ということを。そこから必死に勉強をして、大学に入り直しました。

もしも、私が自分のなりたい職業をもっと早く見つけていたら？
もしくは、いつそうなってもいいように、事前に準備をしていたら？
私の人生は、もっと違ったものになっていたことでしょう。

自分が「これをしたい」と思ったとき、いつでもその方向に走っていける準備をしておくことはとても重要です。事前準備をしていない私がした回り道は、4年間という長い長い遠回りでした。

もちろん、一見すると遠回りに思ってしまうような過去の体験も、今では私に必要なものだったと思うことができます。それ以降、私はこの教訓から学んで事前準備をしっかりとするようになり、現在では自分がやりたいことを仕事にできるようになりました。

何事も、意味がないものはないのです。

でも、違う側面から見たときに、ずっと努力をしていればもっと早くなりたい職業に就けた可能性もあります。だから、事前準備は必要だし重要です。学生なら、「勉強」がその準備の1つになるのです。

勉強は、いい点数を取ったり、志望校に合格するためだけにやるものではありません。どうすれば要領を良く物事をこなせるかを身につけたり、自分の実行力を高めたり、意志の力を鍛えるためのものでもあります。つらくても基礎の反復練習をすることだってできる。勉強はその手段に使えます。

「勉強なんて、将来の役に立たない」という学生は少なくありません。ですが、一見将来に役に立たないと思われがちな勉強からでも、人生経験において学ぶことはたくさんあるのです。これは、価値が少ないものに対してでも価値を見出す考え方に一致します。

この理屈がわかっていても、なかなか実践できない人がいます。なぜなら、「天秤に乗せるもの」があまりにも軽すぎるからです。勉強という〝実は重たいもの〟と、その反対の皿に乗せるものがあまりにも軽くてバランスが取れないので、どうしても勉強が大変、勉強がしんどいと感じてしまい、つらくなるのです。

必要なのは、天秤に乗せるものを重くすること。そして「勉強」を軽くして、力を注ぐことにエネルギーを感じないようにしてしまうことです。

世間には、「やる気をアップさせる」「モチベーションを上げる」と謳うものがありますが、そんなものに頼ってはいけません。やる気を上げたところで、持続しないからです。

やる気を出したりがんばったりするには、通常の状態から気持ちを持ち上げる必要があります。不自然に持ち上げたものはいずれ持続できなくなり、落ちてしまいます。一時的なやる気アップが根本的な解決にならないのは、そのためです。


そもそもトップクラスの人は、そんなことはしていません。

今取り組まなければいけない課題と比べて、天秤に重たいものを乗せているだけ。乗せているものが重たいから、その課題に取り組むことができているのです。

TVゲームを例にとってみましょう。

ずっとゲームに没頭していて、気づいたら何時間も経っていた、という経験が誰しも一度はあると思います。恐らく、トイレに行くのも忘れて、ずっとやり続けていたと思います。

そのときのことを思い出しながら考えてもらいたいのですが、わざわざやる気を引き出して、モチベーションを上げてゲームをしていましたか?

そんなことはないと思います。やる気やモチベーションとは関係なく、人は集中することができるのです。ゲームの例で言えば、トイレに行きたい欲よりもゲームがしたい欲が勝ったから、トイレにも行かずにずっとやり続けただけなのです。

この法則を勉強や仕事にも応用してみてください。勉強よりも重たい何かを天秤にかければ、勉強でも何でも取り組んでいくことができるのです。

私の場合は「大卒の資格」と「勉強」の2つを天秤に乗せました。大卒の資格がないとやりたいことがやれないという条件で、「やりたいことをやりたい」という欲が勝ったので、勉強は苦もなく集中することができました。それだけです。

ただ中には、何を天秤に乗せればいいのかがわからない人もいると思うので、最後にそれを探すポイントをお伝えします。

それは、**「痛み」から乗せるものを探す**、ということです。

「痛み＝失うとつらいこと」です。

これは人によって違うと思いますが、私の場合は「この人と約束したら絶対に破れない」という人に、自分の目標達成を約束したことでした。完全に逃げ道がなくなるので、何が何でもやろうと力がみなぎってきました。

人によっては、「願望」を見るほうがいい人もいます。ただ、願望は、特に達成しなくても支障がありません。あきらめればいいからです。

例えば、高級車に乗りたいという願望があったとしても、別に高級車ではなく軽自動車でも支障はありません。つまり、願望にはなくても困らないという要素があるので、基本的には痛みを利用するほうがいいでしょう。

もちろん、**人によってタイプが違うので、自分が「痛み」と「願望」のどちらを天秤に乗せるとよりパワーが出るのかをテストしてみることもおすすめしておきます。**

そして、見つけ方にはもう1つのポイントがあります。

それは、「質の高い情報」です。

何を乗せればいいのかがわからないのは、自分の中に持っている情報があまりにも少なすぎることも考えられます。「何のために勉強をするのか？」「数学とか将来、役に立つの？」という人がいますが、これは情報が少ないということもありますが、そもそも質の高い情報を持っていないから起こってしまうのです。

だから、質の高い情報を集め、不足を補う。

質の高い情報が入ってくれれば、「価値は自分で見出すもの」「勉強そのものの取り組みから、時間管理や目標達成などのスキルを磨く」などの新しい観点が生まれてきます。

本書は、そのために存在していますので、何度も何度も読み直してしっかりとインストールしてください。そうすることで、今までの取り組みやこれからの取り組みが、より確実に人生を豊かにしていくものへと変貌を遂げます。それだけの内容を本書には詰め込みました。

長い内容になりましたが、本書を最後まで読んでくれて、ありがとうございました。

本書でお伝えしたことを続けても、きっとこれからの人生でたくさんの試練や壁を乗り越えていかなければいけない場面が出てくるでしょう。

でも、ここまで読み進められたあなたなら大丈夫。学びを得られたと思いますし、何より「本を読み切ること」を成し遂げられたのですから。やり切った証拠です。

そんなあなたなら、きっと乗り越えていけますよ！

令和元年7月　西川友成

読者限定！
あなたを次のステージへ導く
「知力向上プログラム」を無料プレゼント！

本書を読み終えても、「質の高い情報」をどうやって手に入れればいいのかわからない方も多いと思います。そこで今回、本書を最後まで読んでいただいたあなたに特別なプレゼントをします。

それが「知力向上プログラム」です。

このプログラムでは２日に１回程度、本書の内容をより深く掘り下げた解説を、メルマガで配信していきます。その内容を読むだけで、最先端の情報や真の教育や学習を知ることができます。学力だけでなく、本質的に社会に出ても使える能力を育んでいきます。

さらにこの無料プログラムに参加していただいた方には、特典として『行動力を加速させる３つのマインドセット』の音声もプレゼントいたしますので、ぜひともURL先かQRコードを読み込んで、「良質な情報」を手に入れてください。

ちなみに完全無料ですので、安心して登録してください。あなたと次のステージでお会いできることを楽しみにしています！

https://form.os7.biz/f/15142ee4/

西川友成（にしかわ・ともなり）

育芯舎 代表

1979年、和歌山県生まれ。県立広島大学経営学部卒業。

学生時代は自他共に認めるダメ人間で、21歳のときに急性B型肝炎に罹り、2ヶ月間の入院を余儀なくされる。乗り越えられない壁を目の前に絶望する日々を送っていたが、仲間の励ましによって一念発起し、県立広島大学へ合格する。

大学卒業後、父親の会社を手伝うが28歳のときに倒産。その後、大手家庭教師派遣会社に就職し、西兵庫の統括担当の経験を経て、31歳でフリーの家庭教師に。35歳で学習塾「イクスルゼミナール」を開校すると、2017年には「育芯舎」を起ち上げ、イクスルゼミナールと統合。勉強だけではなく、社会人力に直結するメンタルトレーニングや起業に関する授業を提供して、子どもたちを次世代のリーダーとして育てる取り組みを行っている。

著者の学習塾（個人塾）では「東京大学志望者全員合格」の実績を筆頭に、岡山大学、神戸大学、電気通信大学のほか、有名私立中学校への合格者も多数輩出しており、生徒のやる気を引き出すコーチングが評判。大手学習塾にも劣らない実績を持っている。

学校《がっこう》では教《おし》えてくれない
起《き》業《ぎょう》術《じゅつ》

2019年8月1日　初版第１刷

著者：西川友成《にしかわともなり》
発行人：松崎義行
発行：みらいパブリッシング
〒166-0003 東京都杉並区高円寺南4-26-12 福丸ビル6F
TEL 03-5913-8611　FAX 03-5913-8011
企画協力：インプルーブ　小山睦男
編集：廣田祥吾
ブックデザイン：堀川さゆり
発売：星雲社
〒112-0005 東京都文京区水道 1-3-30
TEL 03-3868-3275　FAX 03-3868-6588
印刷・製本　株式会社上野印刷所

ISBN978-4-434-26309-5 C0034